Versteckt – Entdeckt

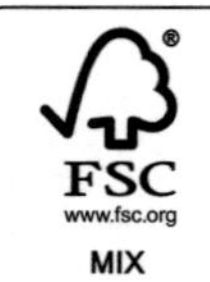
FSC
www.fsc.org
MIX
Papier aus ver-
antwortungsvollen
Quellen
Paper from
responsible sources
FSC® C105338

Pfarre Rossau (Herausgeber)

Versteckt – Entdeckt

Details aus der Wiener

Servitenkirche

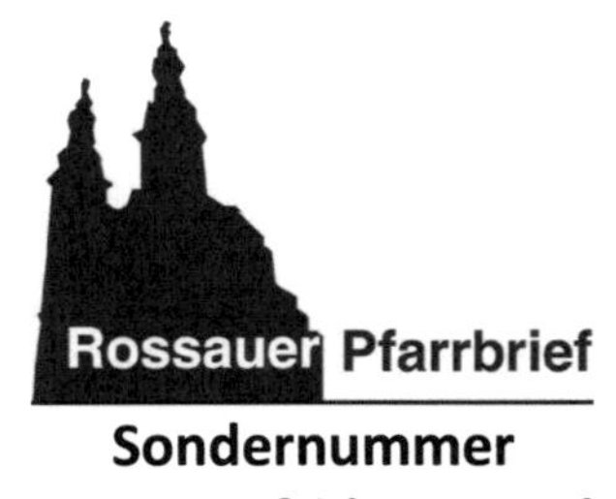

Wien 2025

Bibliografische Information der Deutschen Nationalbibliothek:
Die Deutsche Nationalbibliothek verzeichnet diese Publikation in der Deutschen Nationalbibliografie;
detaillierte bibliografische Daten sind im Internet über www.dnb.de abrufbar.

© 2025 Pfarre Rossau, Fotonachweis Seite 105; Cover-Foto: Schewig.
Layout und Redaktion der Sondernummer: Walter Brugger
Lektorat: Helga Sulzenbacher, Michael Fritscher
Redaktionsleiter des Rossauer Pfarrbriefes: Michael Fritscher

Verlag: BoD · Books on Demand GmbH, Überseering 33, 22297 Hamburg,
bod@bod.de
Druck: Libri Plureos GmbH, Friedensallee 273, 22763 Hamburg

ISBN: 978-3-7693-5204-7

Vorwort

Gerfrid Newesely lenkt seinen und unseren Blick auf einzelne Kostbarkeiten der Wiener Servitenkirche, ein Barockjuwel im 9. Wiener Gemeindebezirk. Im „Pfarrbrief" der Pfarre Rossau veröffentlichte er von 2010 bis 2022 in nahezu jeder Ausgabe in der Serie „Versteckt – Entdeckt" Hinweise auf einen vielleicht nicht beachteten, also „versteckten", aber interessanten Aspekt. Seine historischen und kunsthistorischen Erklärungen sind oft von – für das Verständnis relevanten – theologischen Hinweisen umrahmt, so dass auch der nicht bibelfeste Leser den Hintergrund der Kleinodien leicht fassen kann. Ihm sei gedankt!

Auch wenn Newesely bescheiden anmerkt, dass seine Artikelserie im Rossauer Pfarrbrief eher „zufällig" entstanden sei und keine vollständige und systematische Darstellung all der vielen bemerkenswerten Details der Kirche biete, ist es doch der vielfach gehörte Wunsch, dass die bisherigen Artikel gesammelt nochmals im Druck erscheinen.

Auch um diese Ausarbeitungen einem breiteren Leserkreis zugänglich zu machen, werden diese über die Jahre entstandenen Pfarrbriefbeiträge von Gerfrid Newesely – nun neu redigiert – in einem Band als „Sondernummer des Rossauer Pfarrbriefs" vorgelegt.

Für diese Sondernummer wurden die Fotos nach der Restaurierung der Peregrinikapelle 2011–2014, der „Kirchen.Innen.Renovierung" 2013–2019 (Kuppel, Presbyteriumsgewölbe, südliche und nördliche Raumschale, Orgelsanierung) und Altarraumneugestaltung 2021–2022 teilweise neu erstellt, doch die Bildauswahl folgt – mit einigen Ergänzungen – weitestgehend der ursprünglichen Gestaltung von Gerfrid Newesely und der Pfarrbrief-Redaktion.

Alle, die mit der Wiener Servitenkirche verbunden sind, haben somit wieder die Möglichkeit, Verstecktes zu entdecken.

Wien, im März 2025 *Der Herausgeber*

Inhaltsverzeichnis

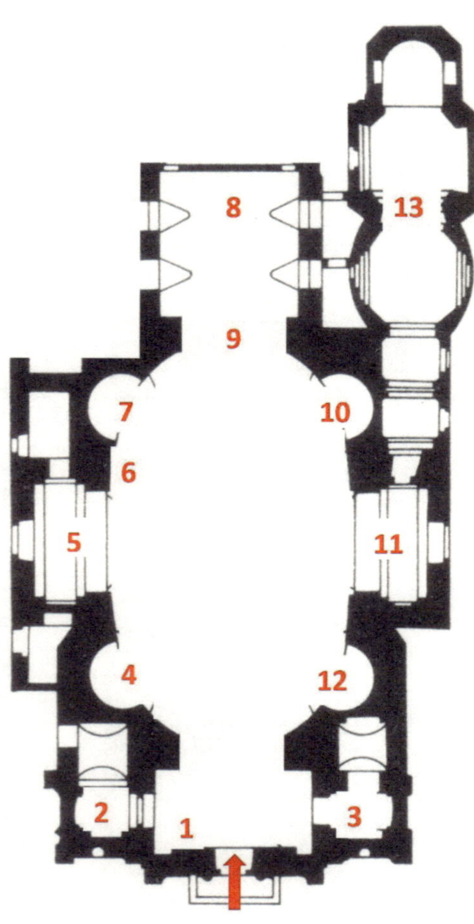

Legende zum Grundriss der Kirche

1 Galgen-Kreuz

2 Nepomuk-Kapelle

3 Juliana-Kapelle

4 Benitius-Altar

5 Schmerzensaltar

6 Kanzel

7 Sebastian-Altar

8 Hochaltar

9 Volksaltar

10 Liborius-Altar

11 Antonius-Altar (Anna-Altar)

12 Johannes-Altar

13 Peregrinikapelle

Abb. 1 Grundriss der Servitenkirche (Red.)

A. Rund um den Eingangsbereich

Bevor wir in die Kirche gehen, lohnt es sich, einen kurzen Blick in das links der Kirche anschlie-ßende Klostergebäude zu machen. Dort finden wir im ebener-digen Kreuzgang (Klostergang) an den Wänden zahlreiche Ölge-mälde über die Geschichte des Servitenordens (vgl. Abb. 4, Abb. 35) sowie das Original des Pere-grini-Schreins, der ursprünglich in der Peregrinikapelle aufge-stellt war, wo sich seit einer An-ordnung von Kaiser Joseph II. die Kopie befindet. (Red.)

1. Klostergang

Das Martyrium von 64 Serviten in Prag im Jahr 1420[1]

Kriege sind grausam, Religi-onskriege noch grausamer.

Ende des 14. Jh. hatte die rö-misch-katholische Kirche kei-nen guten Ruf.

In Böhmen kritisierte der Predi-ger Johannes Hus die Sittenlo-sigkeit der Kirche, ihren Reich-tum, den Ablasshandel, die Un-

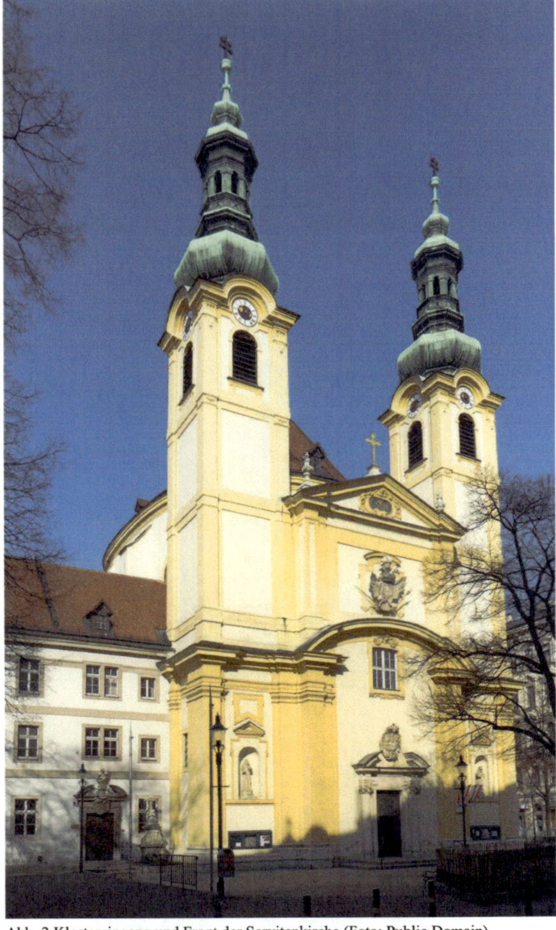

Abb. 2 Klostereingang und Front der Servitenkirche (Foto: Public Domain)

terdrückung der Landessprache, das Schisma. Er schlug Reformen vor (schon über 100 Jahre vor Luther!) und wurde zum Konzil von Konstanz (1414–1418) eingeladen. Trotz Zusicherung des freien Geleites durch den deutschen König Sigismund wurde er 1415 als Ketzer zum Tode verurteilt und auf dem Scheiter-haufen verbrannt. Dieses Urteil erzürnte seine Anhänger in Böhmen derart, dass es zu Unruhen mit gewalttätigen Ausschreitungen kam. Das brutale Vorgehen König Wenzels gegen die Hussiten führte zu einem Aufstand und am 30. Juli 1419 zum „Ersten Prager Fenstersturz". In der Folge wurden kirchliche Einrich-tungen, Kirchen und Klöster verwüstet, es kam zu den Hussitenkriegen. Die

---

[1]   Aus Pfarrbrief 114/2017.

Serviten hatten in Prag in der Nähe des Vysehrad ein von Kaiser Karl IV. im Jahr 1360 gegründetes Kloster mit Kirche, das im Zuge der Kriegshandlungen im Juni 1420 überfallen wurde. Wegen Abhaltung eines Ordenskapitels hielten sich dort 64 Serviten auf. Kirche und Kloster wurden angezündet und die anwesenden Serviten auf einem riesigen Scheiterhaufen verbrannt. Dieses grausame Martyrium wird von P. Augustin Romer in seinem Buch „Servitus Mariana" geschildert (1667).[2]

Ein Stich (Abb. 3) zeigt, wie die Seelen der 64 Märtyrer wie Feuerkugeln zum Himmel steigen.

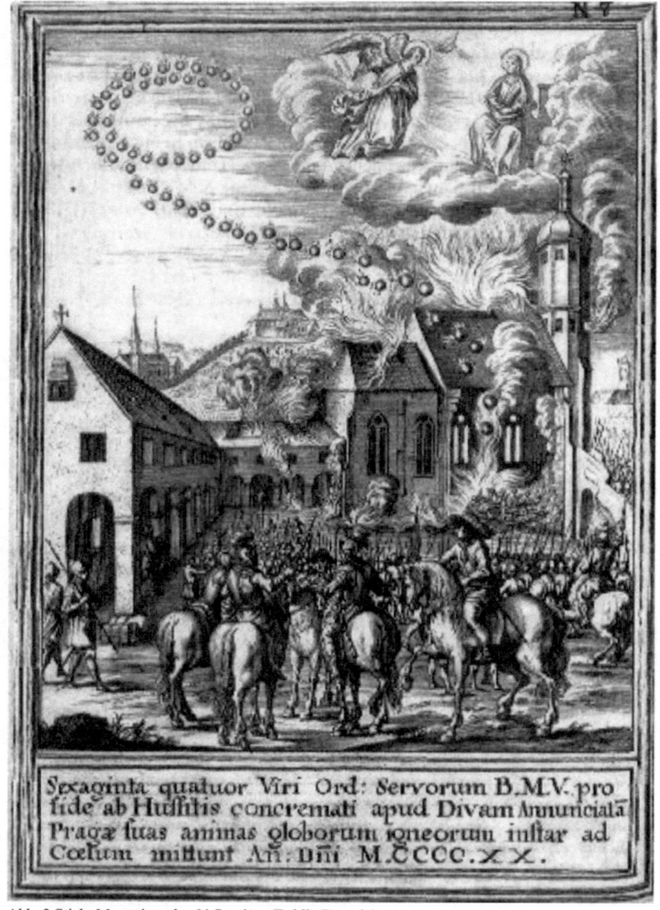

Abb. 3 Stich: Martyrium der 64 Serviten (Public Domain)

---

[2]   Viktor Böhm hat freundlicherweise für den Autor das entsprechende Kapitel von Romer, Servitus Mariana, aus dem Lateinischen übersetzt.

Auf einem Ölbild im Klostergang unserer Kirche rechts neben der Nische des hl. Peregrin ist diese Szene auch zu sehen (Abb. 4).

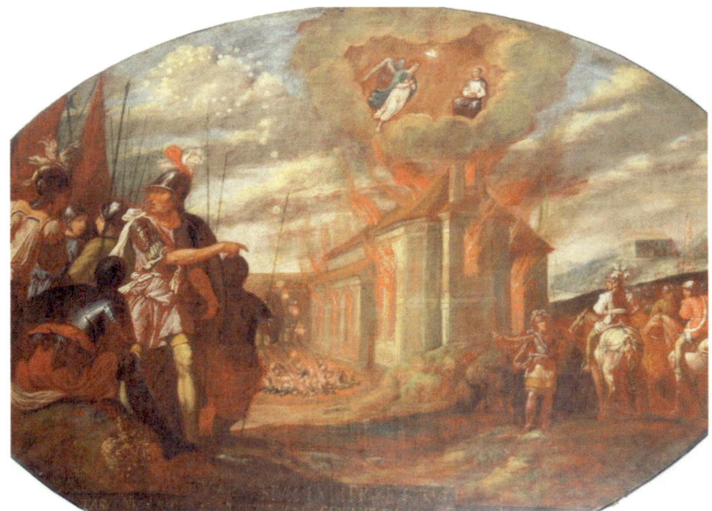

Abb. 4 Ölgemälde der Brüder Grabenberger 1676: Martyrium der 64 Serviten (Foto: Newesely)

Etwa 100 Jahre später erhielten die Serviten ihre zerstörte Kirche wieder zurück und bauten sie wieder auf. Wegen der charakteristischen Mittelsäule des gotischen Gewölbes hat sie den Namen „Panny Marie Na Slupi" (hl. Maria an der Säule). Unter Kaiser Joseph II. wurden Kirche und Kloster wieder aufgehoben und lange Zeit als Kaserne verwendet. Heute dient sie wieder als Kirche und wird von einer orthodoxen Gemeinde benützt.

Sie sieht noch genauso aus wie auf den Bildern (Abb. 3, Abb. 4 und Abb. 5).

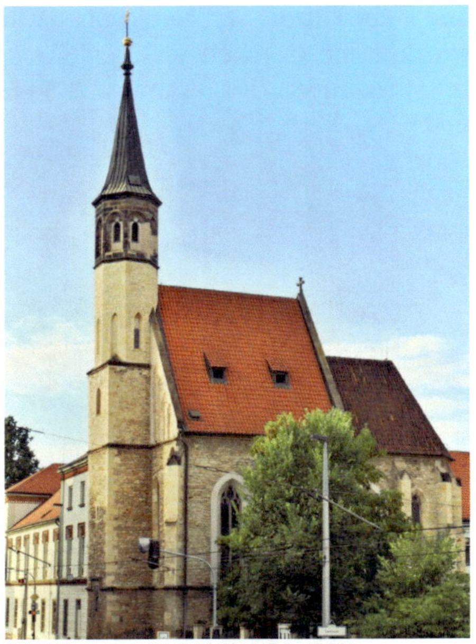

Abb. 5 Kirche Panny Marie Na Slupi (Foto: VitVit)

2.   Die Glocken

Eine Geschichte der Glocken der Servitenkirche[3]

Die Verwendung von Glocken kam Ende der Antike mit den Klostergründungen nach Europa. Der hl. Augustinus vermerkte um das Jahr 400 in seinen Regeln für das Leben im Kloster mit dem Begriff „Signum dare", dass Glocken (campane) die Regelzeiten verkünden sollten.

Auch die Wiener Servitenkirche hatte von Beginn an Glocken auf ihren Türmen, mit einer wechselhaften Geschichte: Kaum haben sie den Dankgottesdienst zur Fertigstellung der Kirche (20. April 1677) eingeläutet, sind kurze Zeit später beim Brand der Kirche im Zuge der 2. Türkenbelagerung (1683) „alle Glocken geschmolzen".

Aber schon 1685 und 1687 wurden sie mithilfe von Metallspenden aus dem Kaiserlichen Zeughaus (erbeutete türkische Kanonen) wieder nachgegossen, darunter die bis heute erhaltene „historische" Glocke (1685, Glockengießer Joachim Groß, Wien). 1760 und 1770 wurden einige wegen Rissen und Sprüngen umgegossen bzw. neu gekauft (Glockengießer Andreas Klein bzw. Franz Josef Scheichel, Wien). 1843 und 1882 mussten die beiden größeren neuerlich wegen Rissen umgegossen werden (Glockengießer Bartholomäus Kaffel, Wien, und Peter Hilzer, Wr. Neustadt). 1916 dann die Katastrophe: Zu Kriegszwecken wurden alle Glocken unserer Kirche mit Ausnahme der „historischen" (aus 1685) requiriert (insgesamt ca. 2,5 t Glockenbronze).

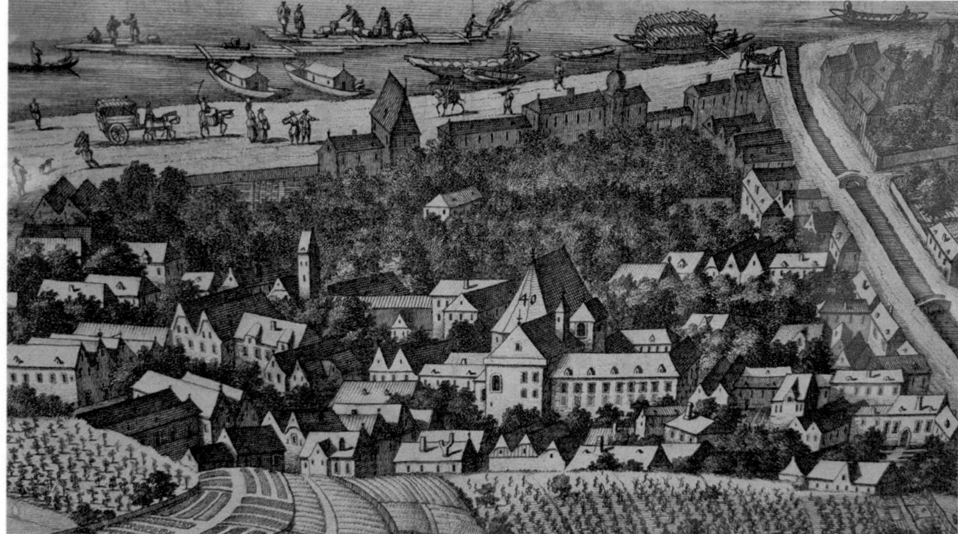

Abb. 6 Volbert van Alten Allen, Kupferstich: Ausschnitt (Servitenkirche Nr. 40 von hinten vor der Türkenbelagerung 1683) (Public Domain)

---

[3]   Aus Pfarrbrief 126/2021.

1924 wurden vier neue Glocken bei der Firma Böhler bestellt, allerdings nicht aus Bronze, sondern aus Stahl (Garantieschein, Abb. 7).

Im 2. Weltkrieg waren die Nazis nur an Bronze (Zinn!) interessiert, die „historische" war als „kunsthistorisch wertvoll" geschützt, daher wurde sie verschont. So haben wir heute fünf Glocken, verteilt auf zwei Türme[4] und einen Dachreiter auf dem Sakristeidach.

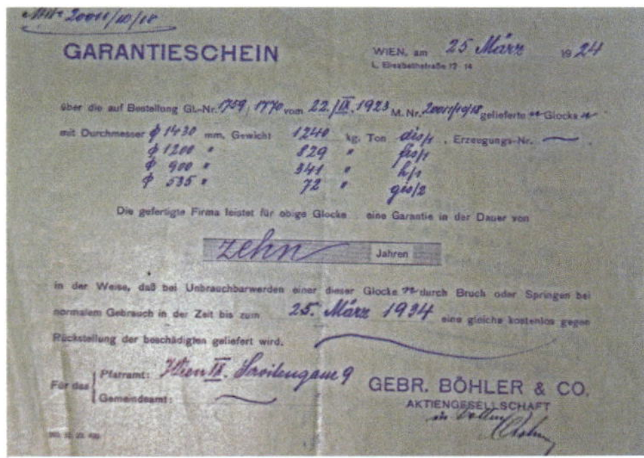

Abb. 7 Garantieschein vom 25.3.1924 (Foto: Fritscher)

Linker Turm (vom Kirchenplatz aus gesehen): Glocke 1: Böhler 1924, Stahl, Durchmesser 1,43 m, Gewicht 1240 kg, Schlagton dis/1

Glocke 3: J. Groß 1685, Bronze, Durchmesser 0,85 m, Gewicht 403 kg, Schlagton gis/1 (Abb. 8)

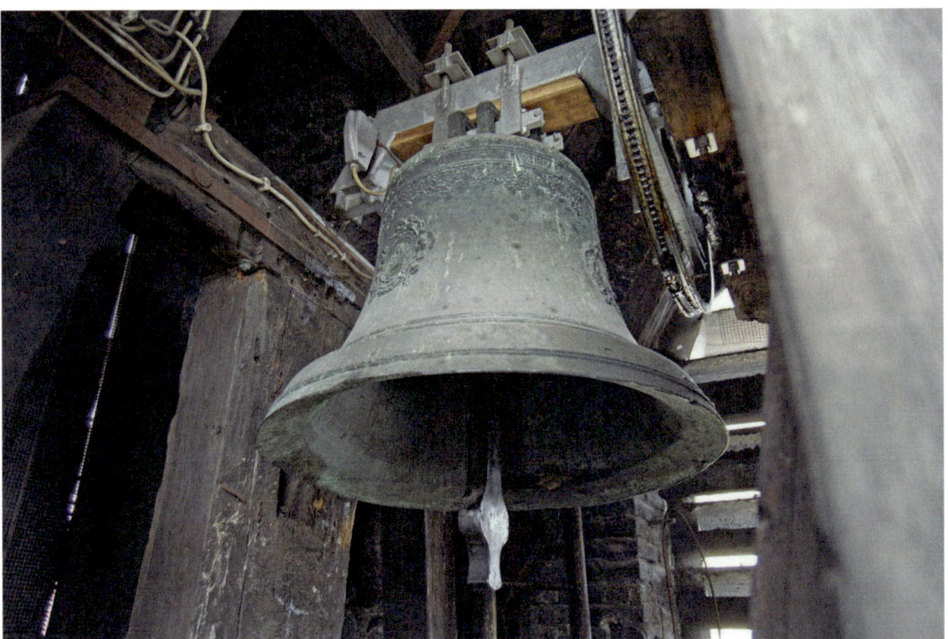

Abb. 8 Bronzeglocke gis/1 (Foto: Fritscher)

---

4 Die beiden Kirchtürme wurden erst nach der Türkenbelagerung erhöht und 1754–1756 in die heutige Form gebracht (Architekt Franz Sebastian Rosenstingl), wie auch ein Vergleich von Abb. 6 und Abb. 119 zeigt. (Red.)

Rechter Turm: Glocke 2: Böhler 1924, Stahl, Durchmesser 1,20 m, Gewicht 829 kg, Schlagton fis/1

Glocke 4: Böhler 1924, Stahl, Durchmesser 0,90 m, Gewicht 341 kg, Schlagton h/1

Dachreiter: Glocke 5: Böhler 1924, Stahl, Durchmesser 0,54 m, Gewicht 72 kg, Schlagton gis/2, diese Glocke (das „Zügenglöcklein", früher Totenglocke) wird nicht mehr benützt.

Bis ins Jahr 1957 wurden die Glocken händisch „am Seil" geläutet, danach wurde ein elektrisches Läutwerk eingebaut. Die Turmuhr wurde bis 1975 händisch aufgezogen (1965–1968 vom Autor dieses Artikels), danach elektrifiziert. Die zugehörigen Schlagwerke sind: für die Viertelstunde die Glocke 4, für die volle Stunde die Glocke 1. Für das Läuten der Glocken gibt es eine Läuteordnung (tägliches Angelusläuten 7, 12, 18 Uhr, großteils Glocke 3) und eine Jahresordnung (Messeinläuten: Hochfeste alle Glocken, niedrigere Feste und Sonntage entsprechend weniger). Ein Sonderfall ist die Zeit zwischen dem Gloria der Gründonnerstagsmesse und dem Gloria der Osternachtsfeier: da schweigen die Glocken, „sie fliegen nach Rom" heißt es im Volksmund.

3. Das Kirchentor

Der Gaukler an der Kirchentüre[5]

Die Eingangstüre unserer Pfarrkirche ist aus massivem Holz gezimmert, in robusten Türangeln verankert, außen mit starkem Eisenblech beschlagen und mit rautenförmig gekreuzten Eisenbändern verstärkt.

Die Beschlagsnägel mit ihren blütenförmig ausgebildeten Zierköpfen bilden ein interessantes Muster (Abb. 9).

Es ist eine wehrhafte Türe, die in den schwierigen Gründungsjahren von Kirche und Kloster sicher eine wichtige Schutzfunktion hatte.

Der Kunstschmied, der im 17. Jh. diese Türe schuf, brachte an ihr zwei Symbole an:

Am Stehflügel oberhalb der Durchgangstüre befindet sich als kaiserliches Wappen ein Adler mit Krone, Schwert und (inzwischen verlorengegangenem) Zepter als Zeichen der Gegenreformation.

Das bedeutete damals: „In dieser Kirche wird der richtige Glaube verkündet und vom Herrscher sanktioniert."

An der Durchgangstüre selbst zeigt ein massiver senkrechter Türgriff am oberen Ende das Wappen der Serviten, die diese Kirche gebaut haben. Das Wappen wird von einer geflügelten Figur gehalten, einem Cherub mit dem Kopf eines Gauklers

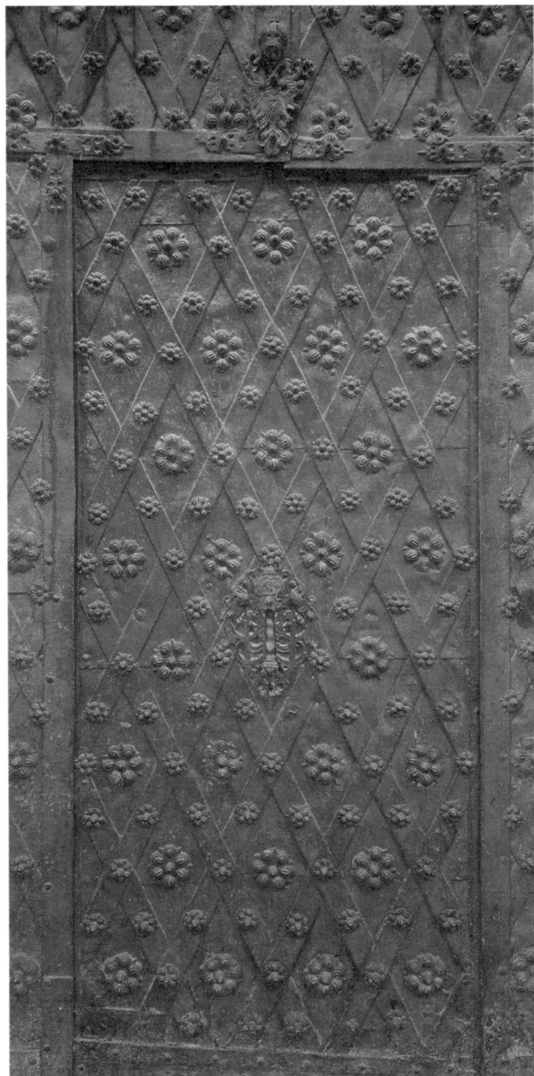

Abb. 9 Kirchentor (Foto: Brugger)

---

[5]   Aus Pfarrbrief 105/2015.

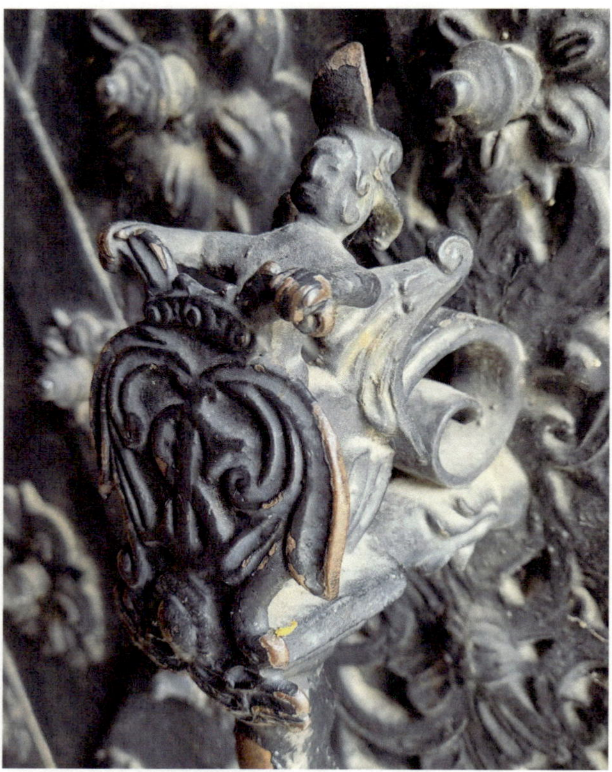

Abb. 10 Gaukler am Kirchentor (Foto: Brugger)

(Abb. 10). Cherube (Cherubim), geflügelte Mischwesen mit Tier- oder Menschenkopf, sind in der Bibel Wächter des Paradieses, Bewacher der Bundeslade und des salomonischen Tempels.

Die Serviten verstehen sich als Bettelorden: Die sieben Ordensgründer,[6] reiche Adelige im Florenz des 13. Jh., verschenkten ihre Güter und verbrüderten sich mit den Armen und Kranken, den Bettlern, Obdachlosen und Diskriminierten und anderen Außenseitern der Gesellschaft, den Narren und Gauklern. Darauf deutet dieser Gaukler an der Kirchentüre hin, erkennbar an seiner Narrenkappe. Vielleicht wollten die Serviten damit sagen: Egal wie unglücklich oder beladen du bist, bei uns bist du willkommen, wir sorgen uns um dich, mit uns kannst du fröhlich sein.

Das untere Ende des Türgriffes ist ausgeformt als Kopf mit Turban und breitem Schnauzbart. Vielleicht ein Hinweis auf die überstandene Türkenbelagerung?

---

[6]   Die Ordensgründer Bonfilius, Bonajuncta, Manettus, Amideus, Hugo, Sosteneus und Alexius waren Mitglieder einer Marienbruderschaft und gründeten auf dem Monte Senario (nördlich von Florenz) 1233 den Servitenorden nach der Regel des hl. Augustinus. Sie werden als die Sieben Heiligen Väter des Servitenordens bezeichnet und wurden von Papst Leo XIII. 1888 als Gruppe heiliggesprochen. Ihr Fest wird am 17. Februar gefeiert. (Red.)

4. Juliana-Falconieri-Kapelle

Die hl. Juliana Falconieri[7]

Der 70-jährige Chiarissimo Falconieri war einer der angesehensten Adeligen von Florenz im 13. Jh. Er war reich, aber kinderlos, und ganz unerwartet schenkte ihm seine Gattin Riguardata ein Kind – ein Mädchen, das sie Giuliana nannten (1270). Kurz darauf verstarb Chiarissimo, und die kleine Juliana wurde von ihrer Mutter sorgfältig nach dem Selbstverständnis einer adeligen Familie erzogen. Sie entwickelte sich zu einer attraktiven jungen Dame, die wegen ihrer blendenden Schönheit von den jungen Männern von Florenz heiß umworben wurde. Aber, nicht zuletzt durch den Einfluss ihres Onkels, Alexius Falconieri – einer der sieben Gründer des Servitenordens –, wollte Juliana ein gottgeweihtes Leben führen. Mit 14 Jahren ließ sie sich die Jungfrauenweihe spenden und erhielt 1285 vom hl. Philippus Benitius den Habit des Tertiärordens der Serviten.

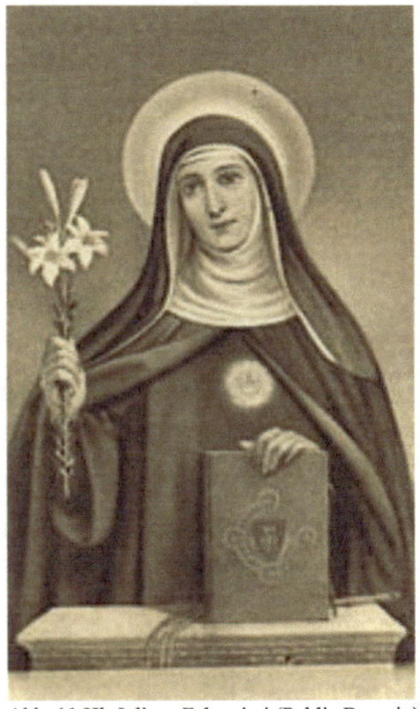

Abb. 11 Hl. Juliana Falconieri (Public Domain)

Sie lebte aber als geweihte Jungfrau weiterhin in ihrer Familie und pflegte ihre Mutter bis zu deren Tod 1304.

Danach trat sie in den Konvent der Servitinnen in Cafaggio bei Florenz ein, zuerst als einfache Schwester. Bald wurde sie zur Oberin der Gemeinschaft gewählt. Sie verfasste die Ordensregeln des Tertiärordens der Servitinnen und lebte ein karitatives Leben mit Gebet und strengem Fasten. Das war auch der Grund für ein Magenleiden, an dem sie 1341 verstarb.

In ihren letzten Stunden bat sie um die Sterbesakramente, konnte aber die Kommunion als letzte Wegzehrung nicht schlucken. Daher legte sie der Priester auf ihre Brust, wo sie auf unerklärliche Weise verschwand. Bei der Vorbereitung des Leichnams zur Einsegnung fand man an der Stelle, auf welche die Hostie gelegt worden war, einen Abdruck der Hostie mit dem Kreuz auf der Haut. Aus diesem Grund wird die hl. Juliana mit einer Hostie am Habit an der Stelle des Herzens dargestellt (Abb. 11).

---

[7]   Aus Pfarrbrief 101/2014.

In unserer Kirche ist die rechte Turmkapelle der hl. Juliana Falconieri geweiht.[8]
1767 wurde die Kapelle mit Stuckarbeiten des Stuckateurs Johannes Baptist
Bussi (1723–1779) ausgestaltet, dort ist auch die erwähnte Sterbeszene zu sehen
(Abb. 12).

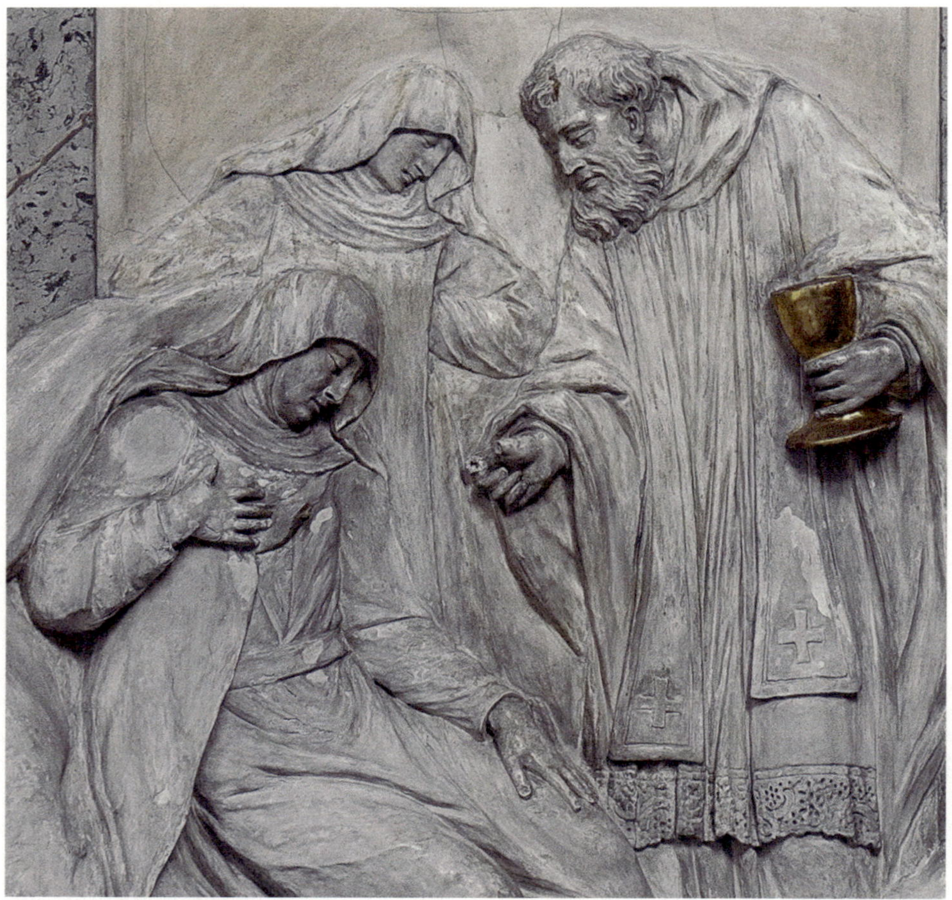

Abb. 12 Juliana am Totenbett (Foto: Stephan Doleschal)

Die Familie Bussi stammte aus Norditalien und ist in Wien seit 1698 in mehreren
Generationen nachweisbar, fast alle Familienmitglieder waren Stuckateure und
in Wien tätig.

Auch an der Fassade unserer Kirche rechts über dem Eingang ist eine Statue der
hl. Juliana zu sehen. Juliana wurde 1678 seliggesprochen, 1737 heiliggesprochen, ihr Gedenktag ist der 17. Juni.

---

[8]   Laut Hofbauer (1866) sind Stifter „Pränobilis Herr Michael Schlegl und dessen Gattin Euphrofine (verwitwete Sokowskh von Sokonitz , 20. Juni 1732), die am 30. Juni 1724 überdieß zwei wöchentliche Meßopfer
für die Servitenkirche stifteten." Diese liegen auch im Gruftgewölbe dieser Kapelle begraben. (Red.)

5.   Das Galgenkreuz

Das Galgenkreuz in der Servitenkirche[9]

Im Altarraum unserer Kirche befand sich rechts an der Außenwand – ziemlich unbemerkt – ein großes Kruzifix, das sogenannte „Galgenkreuz", das jetzt im Eingangsbereich hängt (Abb. 13).

Das Kreuz oder – genauer gesagt – der gekreuzigte Christus ist das Symbol des Christentums geworden und wurde zu allen Zeiten, auch in Zeiten eines Bilderverbots, dargestellt. Es versinnbildlicht Schmerzen und Tod, die Jesus auf sich genommen hat, und derer wir in der Fastenzeit bis hin zum Karfreitag gedenken.

Die Kreuzigung ist sicher eine der grausamsten Hinrichtungsarten, die Menschen je erfunden haben, ein Gekreuzigter hatte bis zu seinem Tode unvorstellbare Schmerzen durchzustehen (Jesus wurde zudem vorher noch gegeißelt).

Die Todesstrafe ist heute in vielen Ländern abgeschafft, wurde aber bis ins 19. Jh. auch in Wien noch öffentlich vollstreckt.

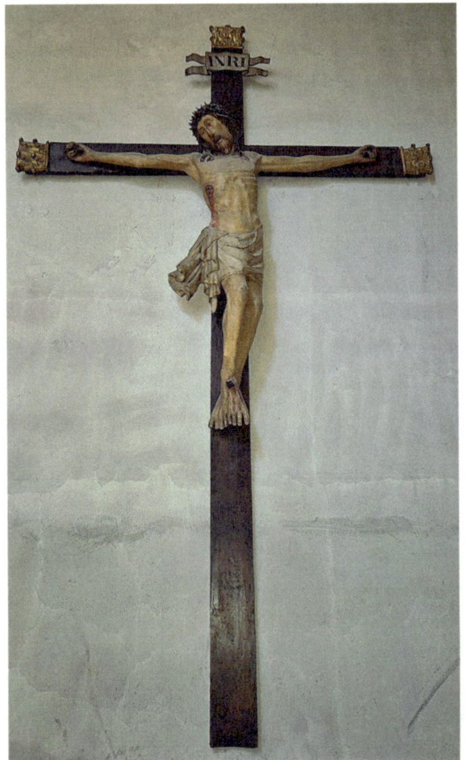

Abb. 13 Galgenkreuz im Eingangsbereich (Foto: Brugger)

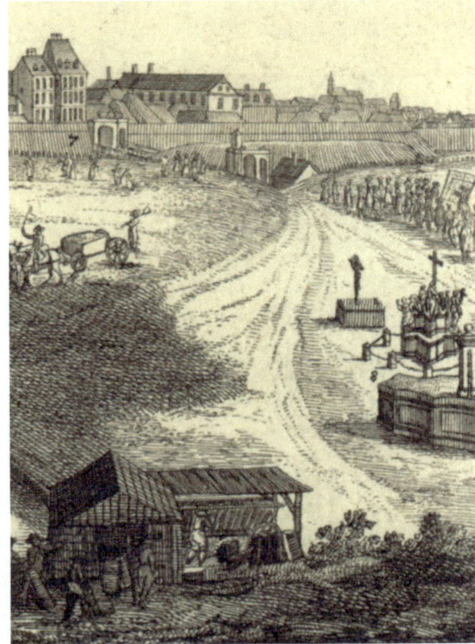

Abb. 14 Wien vor dem Schottentor (Delsenbach 1719; Wien Museum)

9   Aus Pfarrbrief 95/2013. Dieses Kreuz wurde (nach Karch 1930) im Jahre 1919 als Missionskreuz geweiht. (Red.)

Eine der ältesten Richtstätten in Wien war der schon seit dem Jahr 1311 nachgewiesene „Rabenstein" (Abb. 15), zwischen der Rossau und dem Schottentor (etwa beim heutigen Schlickplatz), und dort befand sich auch ein „großes Kreuz" (Hofbauer 1866), um die Verurteilten zu trösten und ihnen zu helfen, mit ihrem Leben abzuschließen (

Abb. 14 und Abb. 16).

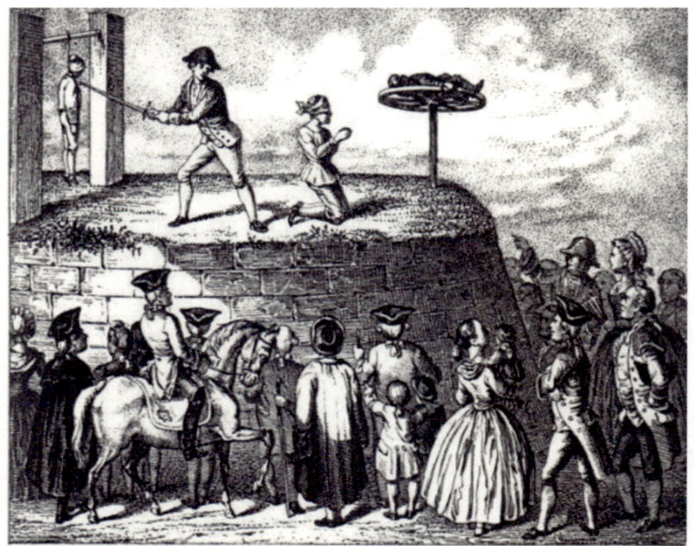

Abb. 15 Radierung Clemens Kohl 1786: Rabenstein (aus Carl Hofbauer 1866; Public Domain)

Der Rabenstein wurde 1788 abgebaut, und damals kam das nun sogenannte „Galgenkreuz" in unsere Kirche.

Der Korpus ist ein Meisterwerk der Spätgotik (ca. 1420, datiert nach Dehio 1993) und ist der Zeit entsprechend ausdrucksstark ausgeführt, mit noch halb geöffneten Augen. Der Lendenschurz wurde später seitlich ergänzt.

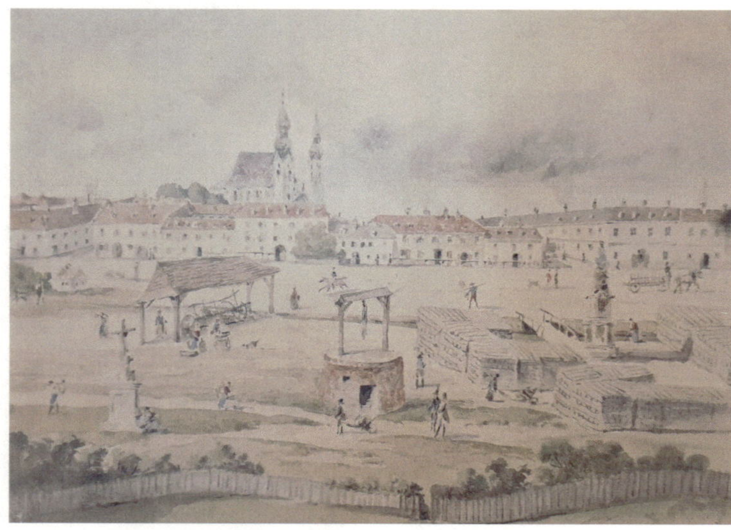

Abb. 16 Aquarell: Rabenstein mit Blick zur Servitenkirche (Foto: Brugger)

6.   Das schmiedeeiserne Gitter

Formen der Spätgotik und Renaissance[10]

Das Gitter stammt aus dem Jahr 1676 und gehört daher zur Originalausstattung unserer Kirche.

Wir wissen das, weil der Schmiedemeister sein Monogramm am Querbalken oberhalb der mittleren Durchgangstüren hinterlassen hat: 16 – M – AB – S – 76.

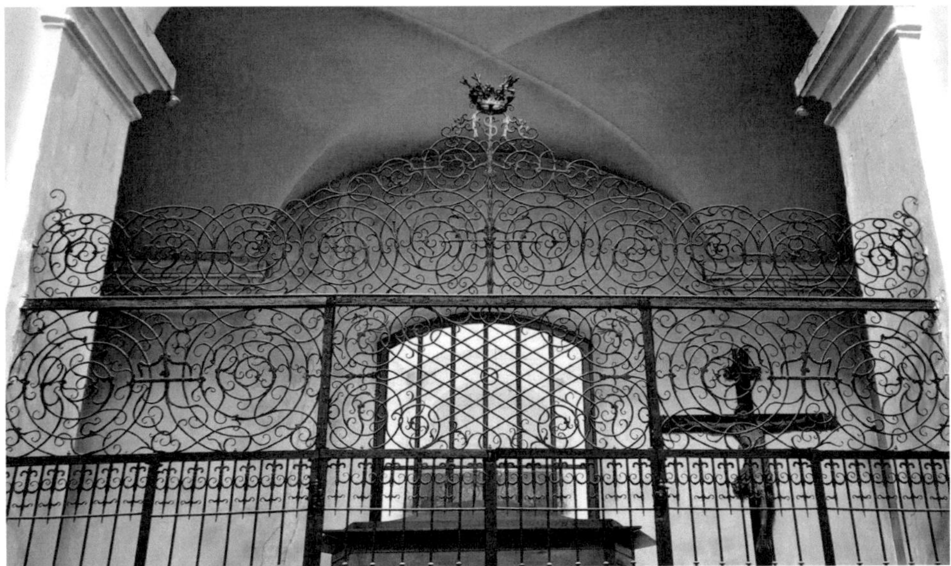

Abb. 17 Das schmiedeeiserne Abschlussgitter (Foto: Brugger)

Das Gitter ist noch ganz dem Renaissancestil verhaftet (wie z. B. die Gitter um das Maximiliansgrab in der Hofkirche in Innsbruck). Obwohl die Servitenkirche 1651–1677 (also ca. 100 Jahre nach dem Maximiliansgrab) von den damals fortschrittlichsten Architekten und Baumeistern aus Italien gebaut wurde und „ihrer Zeit voraus war", wurden Teile der Inneneinrichtung von bodenständigen Handwerkern verfertigt, die noch den bisherigen Formen der Spätgotik und Renaissance verhaftet waren. Beim Abschlussgitter sind das: Schlingenquadrate, Spiralen mit Schnörkeln und Schlingengitter.

Renaissancegitter sind fast ausschließlich aus Rundstäben gefertigt. Damals gab es aber noch kein „vorgewalztes" Rohmaterial (Flach- oder Rundeisen), sondern

---

[10]   Aus Pfarrbrief 84/2010.

die Schmiede bekamen „dicke Blöcke oder Stäbe" (armdick) angeliefert, die sie mühsam auf Fingerdicke ausschmieden mussten – eine Schwerarbeit!

Übrigens gibt es in der Karlskirche der Serviten in Volders (bei Innsbruck) ein schmiedeeisernes Gitter mit fast identischer Ornamentik.

Der Meister hat auch Zunftzeichen hinterlassen, wie zum Beispiel den in Abb. 18 abgebildeten Schlüssel. Schauen Sie sich das Gitter gut an, vielleicht können Sie ihn entdecken!

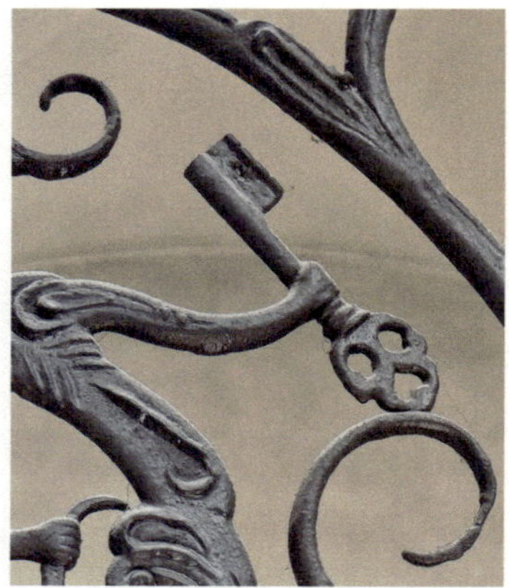

Abb. 18 Zunftzeichen (Foto: Brugger)

7. Der hl. Johannes Nepomuk

Sternenkrone statt Heiligenschein[11]

Johannes wurde als Sohn des Richters Welflin etwa 1350 in Pomuk bei Pilsen (daher der Beiname „ne Pomuk") geboren. Er studierte Theologie und Kirchenrecht in Prag und Padua und wurde 1380 zum Priester geweiht. Seit 1389 war Johannes Nepomuk Generalvikar des Erzbischofs von Prag. 1392 wurde er in die Auseinandersetzung zwischen König Wenzel IV. und dem Erzbischof hineingezogen und nach einem heftigen Streit verhaftet, gefoltert und halbtot von der Karlsbrücke in die Moldau geworfen, wo er ertrank.

Die Legende berichtet, dass der im Wasser treibende Leichnam von fünf leuchtenden Sternen umkränzt gewesen sei, weshalb Johannes Nepomuk mit einem Sternenkranz von fünf Sternen um seinen Kopf dargestellt wird.

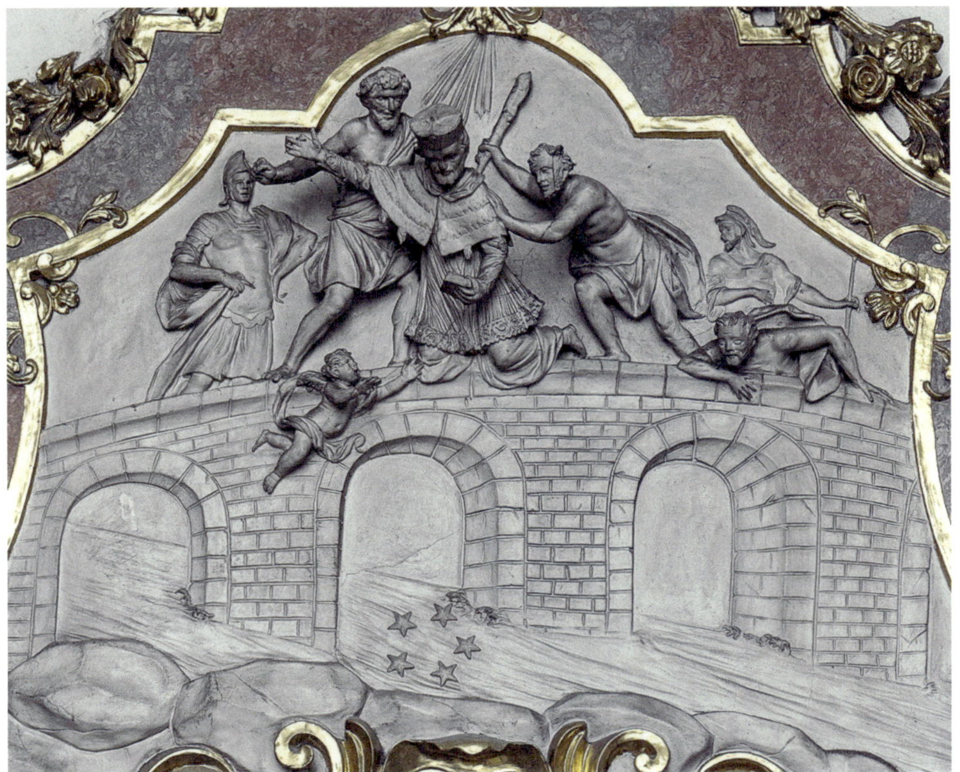

Abb. 19 Sturz in die Moldau (Foto: Stephan Doleschal)

---

[11]   Aus Pfarrbrief 87/2011.

Dieser Brückensturz mit dem Sternenkranz in der Moldau ist in unserer Kirche in einem Stuckrelief von Giovanni Battista Bussi über dem Eingang in die linke Turmkapelle zu sehen (Abb. 19). Bei seiner Heiligsprechung 1729 wurde ins Treffen geführt, dass er als Beichtvater der Königin Sophie das Beichtgeheimnis nicht gebrochen hat. Der König verdächtigte nämlich die Königin der Untreue und wollte von Johannes Nepomuk wissen, was sie gebeichtet habe. Angeblich hat der König selbst aus Zorn über Johannes eisernes Schweigen ihn bei der Folter mit brennenden Fackeln traktiert. Wenzel war ein schwacher König und kein angenehmer Zeitgenosse. Er war ein Tyrann und seine Brutalität war gefürchtet.

Der hl. Johannes Nepomuk ist Patron der Tiroler Provinz des Servitenordens, weshalb ihm nach dem Ausbau der Türme der Servitenkirche (1754) die linke Turmkapelle gewidmet wurde.[12]

Sie ist mit weiteren Stuckarbeiten von Giovanni Battista Bussi ausgestattet: links in der Kapelle die Beichtszene mit Königin Sophie, der zweiten Gemahlin des Königs Wenzel. Oberhalb des Altares schwebt der Heilige auf Wolken und wird von Engeln in den Himmel geleitet.

Rechts im Kirchenvorraum oberhalb des Schriftenstandes ist eine große Statue des Heiligen mit dem Sternenkranz (1. Hälfte 17. Jh.) zu sehen (Abb. 20).[13]

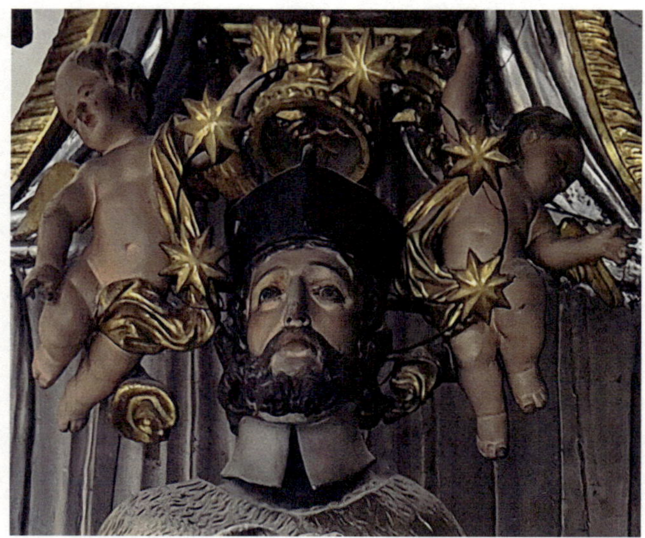

Abb. 20 Hl. Johannes Nepomuk im Eingangsbereich (Foto: Brugger)

---

[12]   Nach Hofbauer (1866) spendete „Ernestine Gräfin von Herberstein im Oktober 1723 zwei werthvolle Diamanten zur Ausschmückung dieser Kapelle". (Red.)

[13]   Eine weitere Statue des hl. Johannes Nepomuk aus 1712 befindet sich im Klosterhof. (Red.)

B. Der Hauptraum

Wenn wir den Hauptraum der Kirche betreten, genießen wir zunächst das barocke Gesamtkunstwerk. Inspiriert vom italienischen Architekten Andrea Palladio errichtete Carlo Martino Carlone, ab 1667 fortgeführt von Franz und Carlo Canevale, die Servitenkirche (Grundsteinlegung 11. November 1651, Konsekrierung 1670, Innenausstattung 1677 vollendet; während der Türkenbelagerung 1683 wurde viel Interieur zerstört).

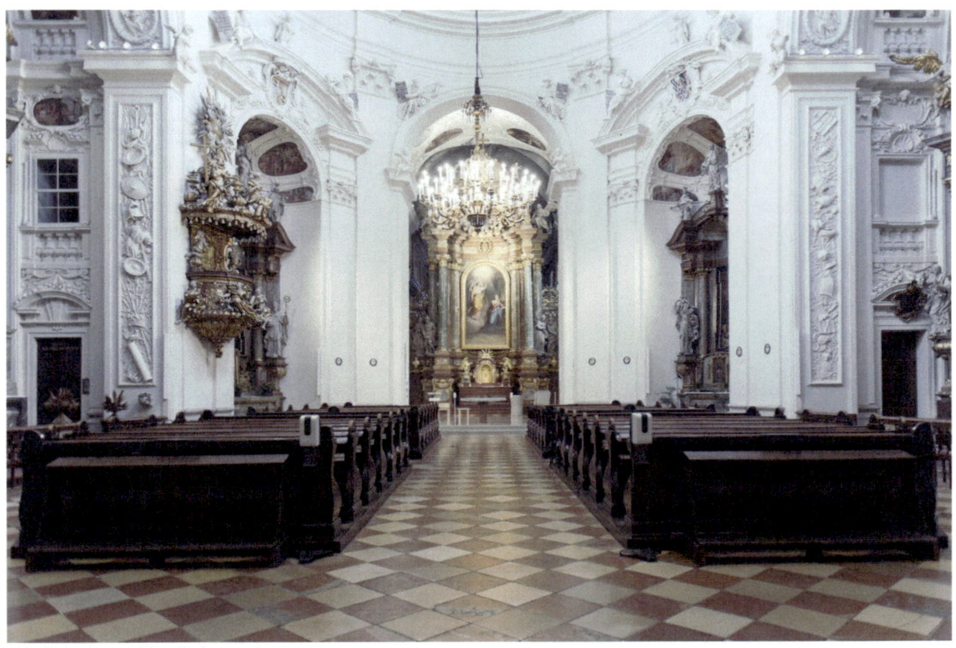

Abb. 21 Innenraum (Foto: Treberspurg)

Dieser erste Wiener Ovalkuppelbau war Vorbild für die Peterskirche im 1. Bezirk, die Karlskirche im 4. Bezirk und die Salesianerinnenkirche im 3. Bezirk.

Die Kuppel zeigt zwei große Deckenfresken: zum Kircheneingang hin die Krönung Mariens durch die Heiligste Dreifaltigkeit; Richtung Altar zeigt das Fresko Mariä Himmelfahrt „Koimesis" (die Apostel rund um das Sterbebett schauen Maria nach). Der Künstler ist unbekannt.

Die acht umgebenden Medaillonsbilder zeigen Szenen aus dem Leben Jesu: Geburt, Beschneidung, Heilige Drei Könige, Darstellung im Tempel, Rückkehr aus Ägypten (vgl. Abb. 74), Erweckung des Jünglings von Naïn, Tod des hl. Josef (vgl. Abb. 106) und das Wunder zu Kana. (Red.)

Finden wir nun einige Details, die Gerfrid Newesely beschrieben hat:

1.   Hochaltarbild: Maria Verkündigung

Die „doppelte" Verkündigung in der Servitenkirche[14]

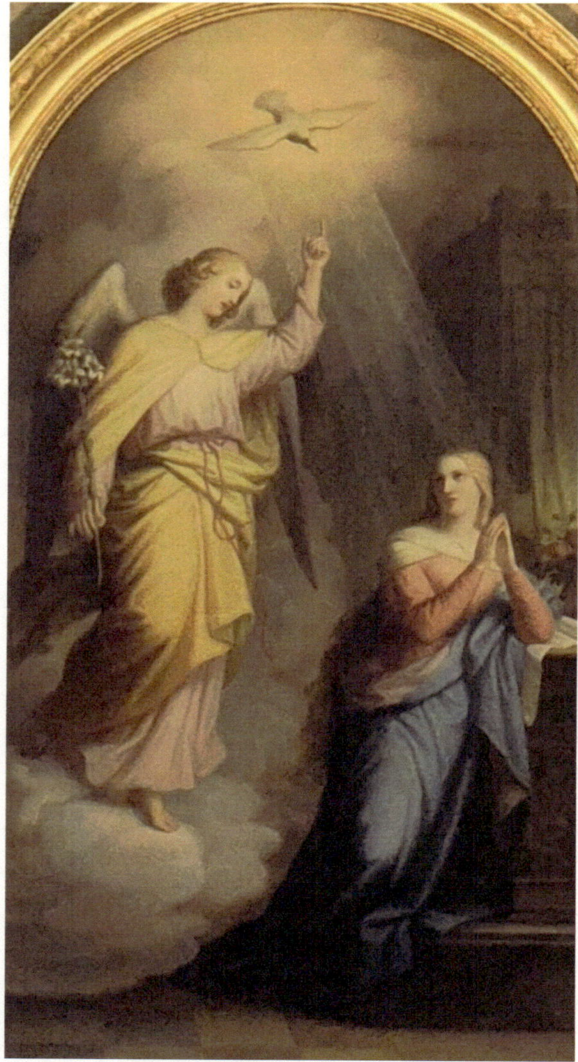

Abb. 22 Leopold Schulz: Hochaltar-Bild Maria Verkündigung (Foto: Brugger)

Unsere Pfarrkirche ist dem Fest Maria Verkündigung geweiht, und schon beim Eintreten fällt das Hochaltarbild auf, das diese Verkündigung darstellt (geschaffen von Leopold Schulz ca. 1830,[15] Abb. 22).

Im spätmittelalterlichen Florenz, als sieben junge Adelige den Servitenorden gründeten, spielte der Kult um Maria Verkündigung im Volksglauben eine wichtige Rolle, umso mehr als Frà Bartolomeo – ein begabter Servitenbruder – ca. 1252 ein Fresko in ihrer neuen Kirche „Santissima Annunziata" malte (Abb. 23), dem wunderbare Wirkung nachgesagt wurde, weil – nach der Legende – ein Engel dieses Fresko vollendet habe.

---

[14]   Aus Pfarrbrief 102/2014.

[15]   Nach dem notwendigen Umbau des von Benedikt Stöber 1711 gestalteten Hochaltars (vgl. Abb. 25) wurde (laut Hofbauer 1866) dieses Bild im Oktober 1847 angebracht. (Red.)

Kein Wunder, dass die nach Österreich gekommenen Serviten eine Kopie dieses Bildes mitbrachten und ihre neue Kirche in Wien diesem Geheimnis weihten.

Das Programm der Kirchenausstattung – also Bilder, Fresken und Stuck – wurde auf diesen Moment der Verkündigung an Maria fokussiert.

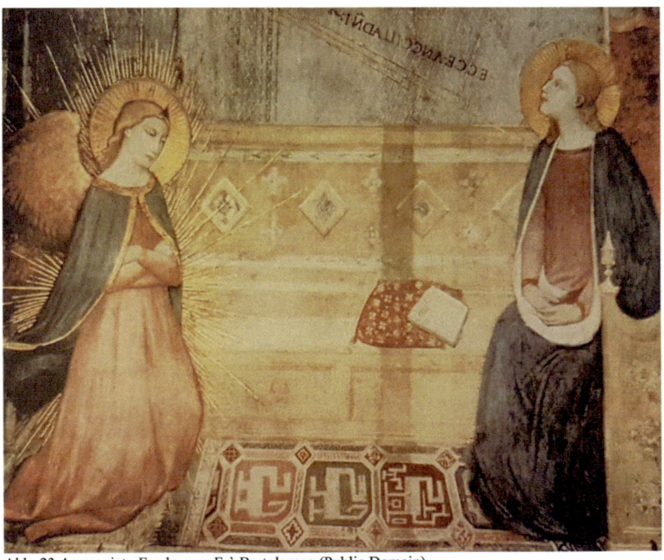

Abb. 23 Annunziata-Fresko von Frà Bartolomeo (Public Domain)

Propheten, Sibyllen, Fresken – alle weisen zielgerichtet darauf hin, und oberhalb des Triumphbogens, der Kirchenraum und Altarraum verbindet, hat der Stuckateur Barbarino eine plastische Verkündigungsdarstellung geschaffen:

Ein jugendlicher Engel Gabriel verkündet einer fast noch kindlichen Maria ihre kommende Mutterschaft Gottes (Abb. 24).

Eine Textkartusche darunter sagt:

VIRGINEÆ FOECUNDITATI – Der jungfräulichen Mutter

DEIFICATÆ HUMANITATI – (und) dem gottgewordenen Menschen.

Die Uhr dahinter weist mit fortgeschrittener Stunde auf die bevorstehende Erlösung der Menschheit hin.

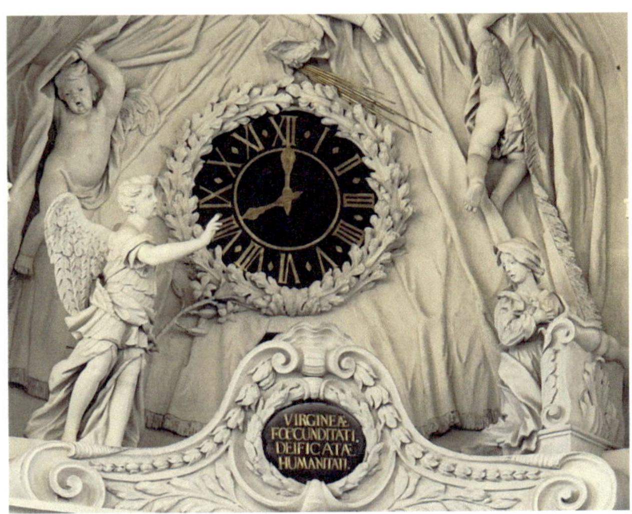

Abb. 24 Stuckarbeit von Barbarino: Verkündigung von Barbarino (Foto: Brugger)

Der Text zu Maria Verkündigung (Lk 1, 26–38) wird am 8. Dezember (Unbefleckte Empfängnis), am 4. Adventsonntag und am 25. März (Maria Verkündigung) in der Hl. Messe gelesen.[16]

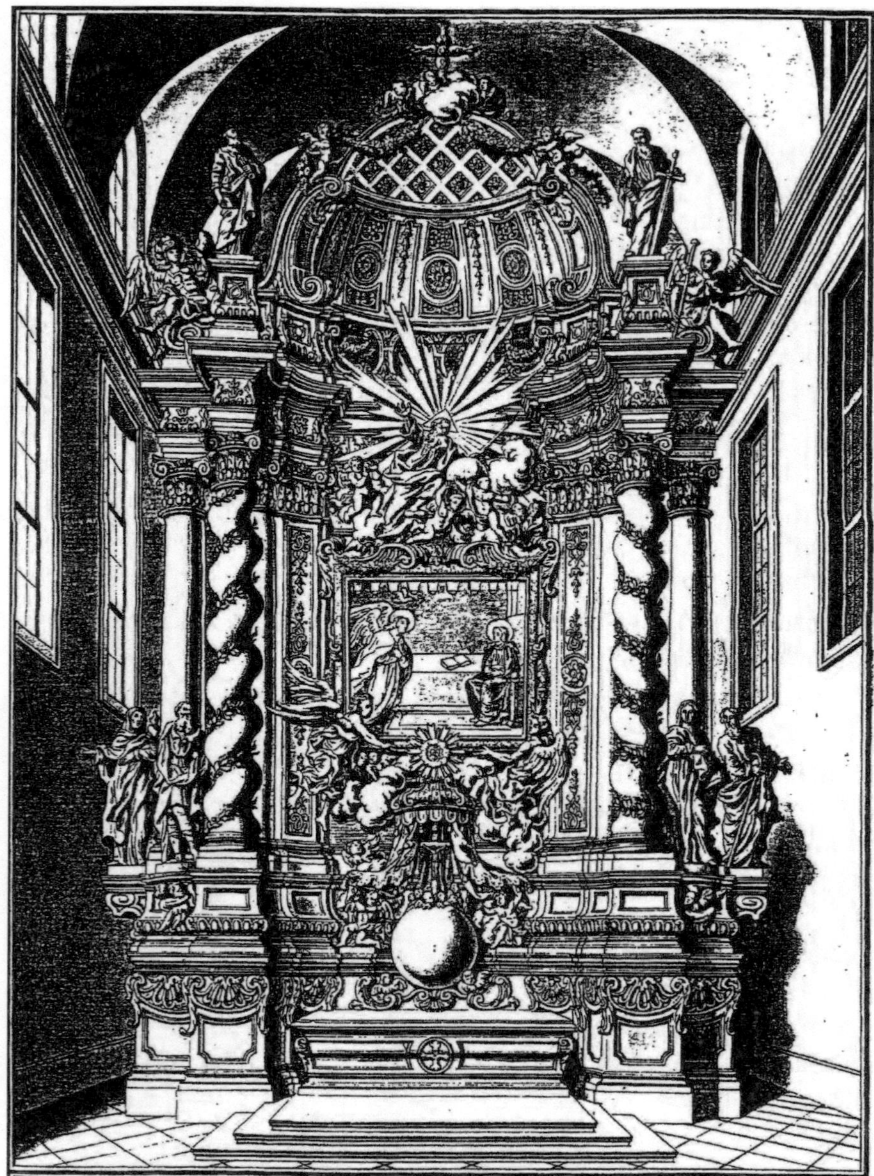

Abb. 25 Stich 1830: Hochaltar von Benedikt Stöber (1711) mit dem ursprünglichen Hochaltarbild und kugelförmigem Tabernakel (Public Domain)

---

[16] Außerdem am 22. August (Maria Königin), 12. September (Maria Namen), 7. Oktober (Rosenkranzfest), 10. Dezember (Loreto-Fest). (Red.)

2.   Petrus und Paulus

a)   Die Apostelfürsten Petrus und Paulus

Zwei Statuen am Hochaltar[17]

Petrus hieß ursprünglich Simon und war ein Fischer am See Gennesaret. Er und sein Bruder Andreas waren bei den ersten, die Jesus zu seiner Nachfolge berufen hat. Petrus stand Jesus besonders nahe. Er war es, der bezeugte: „Du bist der Christus", worauf Jesus ihn als Petrus, den Fels, bezeichnete, auf den er seine Kirche bauen wolle. Petrus war das Zentrum der Jünger. Er wird in den Evangelien auch immer als erster der Apostel genannt.

Andererseits war sein Glaube an Jesus nicht immer unerschütterlich. Am See Gennesaret musste ihn Jesus vor dem Versinken retten, im Verlauf der Passion verleugnete er Jesus mehrfach.

Diese Unsicherheit, dieser Wankelmut zeigt ihn uns menschlich und macht ihn sympathisch. Simon Petrus war verheiratet. Jesus heilte seine Schwiegermutter einmal vom „Fieber". Nach Jesu Tod und Auferstehung begann er mutig und furchtlos mit der Mission und wurde mit Jakobus, dem „Herrenbruder", ein Zentrum der Jerusalemer Urgemeinde.

In der weiteren Folge unternahm er auch Missionsreisen und schrieb Briefe, die zum Neuen Testament gehören. Ähnlich wie Paulus. Zusammen mit ihm hat Petrus das „Apostelkonzil" wesentlich beeinflusst, war aber mit Paulus nicht immer einer Meinung. Die beiden haben die spätere Entwicklung der Kirche entscheidend geprägt und werden als Apostelfürsten bezeichnet.

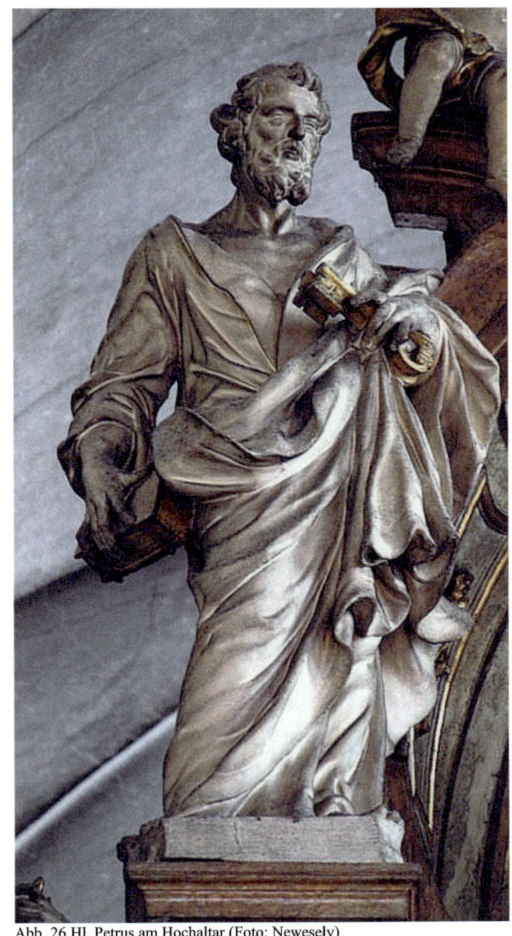

Abb. 26 Hl. Petrus am Hochaltar (Foto: Newesely)

---

[17]   Aus Pfarrbrief 119/2019.

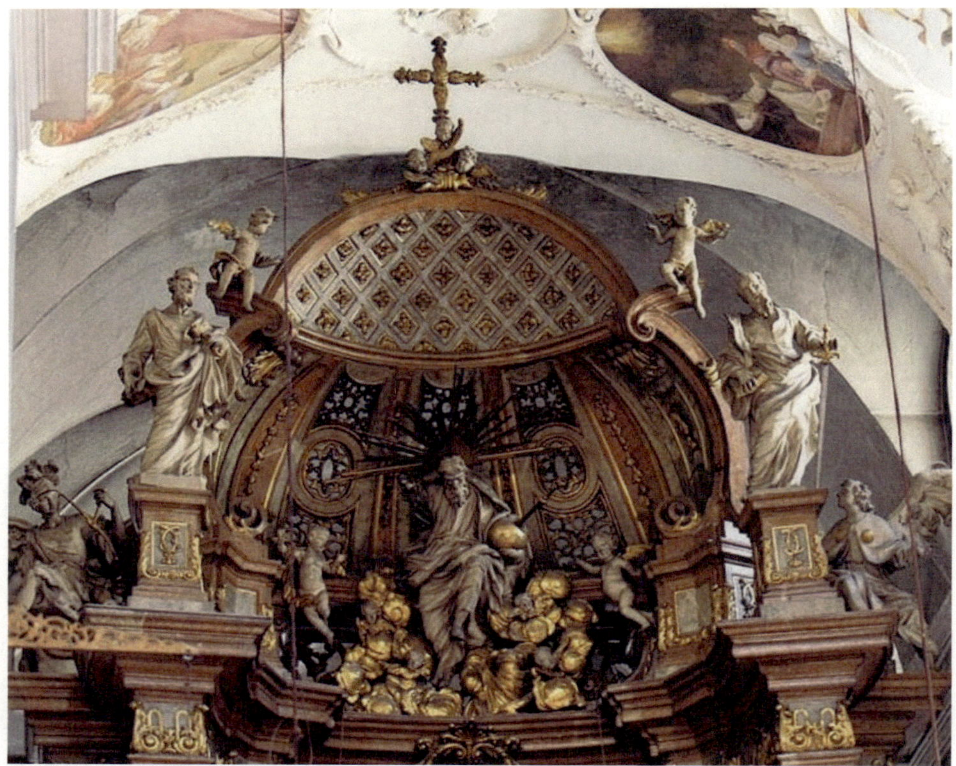

Abb. 27 Kalotte des Hochaltars (Foto: Newesely)

Petrus wird als erster Bischof von Rom überliefert und begründet damit die Papsttradition. Nach der Legende haben er und Paulus den Märtyrertod am selben Tag erlitten und sind gemeinsam die Stadtpatrone von Rom. Sie werden vielfach gemeinsam verehrt. Ihr Gedenktag Peter und Paul ist der 29. Juni. In unserer Kirche stehen ihre Statuen fast unkenntlich und unerkannt hoch oben auf dem Kapitell der beiden Säulen links und rechts des Hochaltares (Abb. 27).

Petrus hat als Attribut den Schlüssel (zum Himmel, Abb. 26), Paulus ein Schwert, über ihn wird sogleich berichtet.

b)   Der hl. Paulus

Der Völkerapostel[18]

Paulus wurde als Saulus („Schaul") in Tarsus in Kleinasien als Sohn vermögender Eltern geboren. Er erhielt eine hervorragende Ausbildung zum jüdischen Gesetzeslehrer (Pharisäer) und verfolgte bald die Christen als abweichende

---

[18]   Aus Pfarrbrief 120/2019.

Sekte. Obwohl etwa gleich alt wie Jesus, hat er diesen nie persönlich getroffen, war aber bald nach dessen Kreuzigung bei der Steinigung des Stephanus dabei. Vor Damaskus begegnete ihm der auferstandene Jesus in einer Lichterscheinung, was sein Leben vollständig veränderte. Paulus bekehrte sich, ließ sich taufen und wurde einer der aktivsten Verkünder Jesu Christi.

Er traf die Urgemeinde in Jerusalem und bekam den Auftrag, sich um die Mission der Nichtjuden („Heidenchristen") – also außerhalb Palästinas – zu kümmern. Dabei stieß er bald auf die Frage, ob die Heidenchristen jüdische Gesetze einhalten müssen (Reinheitsgesetze, Beschneidung, etc.), wie das die „Judenchristen" der Urgemeinde aus Tradition pflegten. Das wurde auf dem ersten Konzil, dem „Apostelkonzil" diskutiert. Paulus setzte sich durch. Die Heidenchristen mussten danach jüdische Glaubensgesetze nicht mehr einhalten, und damit öffnete Paulus die junge Kirche für alle Völker.

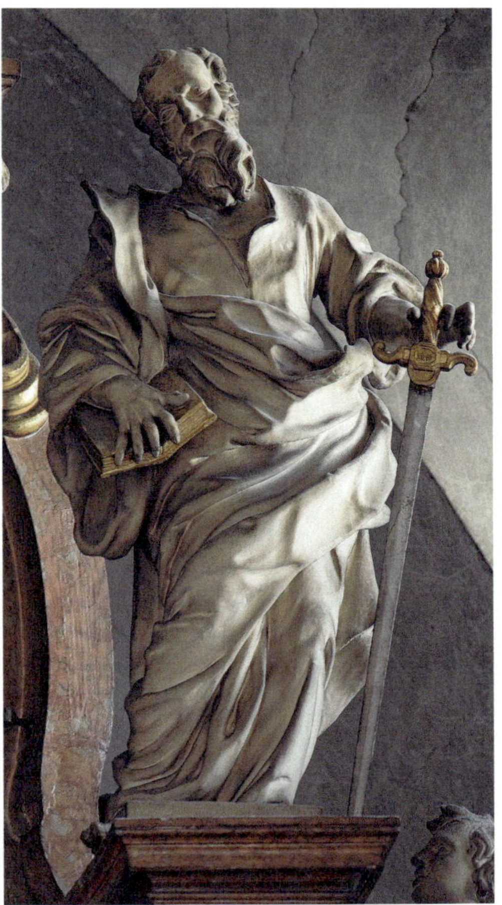

Abb. 28 Hl. Paulus am Hochaltar (Foto: Newesely)

Er wird deswegen auch „Apostel der Völker" genannt. Seine Missionsreisen führten ihn nach Kleinasien, Griechenland und bis Rom, in die Hauptstadt der damaligen Welt. Er gründete unzählige Glaubensgemeinden und schrieb Briefe, um mit ihnen Kontakt zu halten. Paulus war ein begnadeter Redner und konnte die Zuhörer fesseln. Das brachte ihm aber auch viele Neider und Feinde. So wurde er oft verspottet, verleumdet, angeklagt und verurteilt, in der Folge auch ausgepeitscht. Einmal entging er nur knapp einer Steinigung. Wahrscheinlich erlitt er im Laufe der Christenverfolgungen von Kaiser Nero den

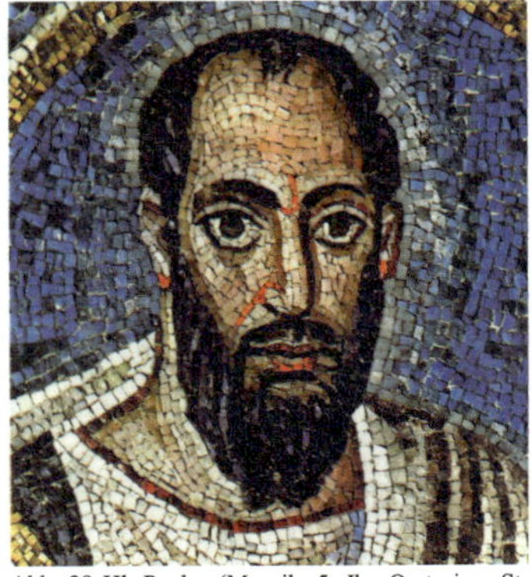

Abb. 29 Hl. Paulus (Mosaik, 5. Jh., Oratorium St. Andrea im eb. Museum, Ravenna; Public Domain)

Märtyrertod durch das Schwert. In unserer Kirche steht der hl. Paulus hoch oben rechts auf dem Kapitell der Altarsäulen des Hochaltares (Abb. 28). Paulus hat als Attribut Buch und Schwert, im Gegensatz zu Petrus wird er oft mit hoher Stirn und dunklem Spitzbart dargestellt (Abb. 29).

Der gemeinsame Gedenktag Peter und Paul ist der 29. Juni. Der hl. Paulus ist Schutzpatron der Theologen und Seelsorger, der Weber, der katholischen Presse, gegen Blitz und Hagel, für Regen und Fruchtbarkeit der Felder.

3.   Das Ewige Licht

„… denn der Herr ist dein Licht …"[19]

Im Altarraum unserer Kirche brennen ständig zwei „Ewige Lichter", um darauf hinzuweisen, „… dass im Tabernakel die hl. Eucharistie aufbewahrt wird, wodurch Christi Gegenwart angezeigt und verehrt wird" (CIC Can. 940).

Im Alten Testament spricht Jesaja von Gott: „… denn der Herr wird dein ewiges Licht sein,

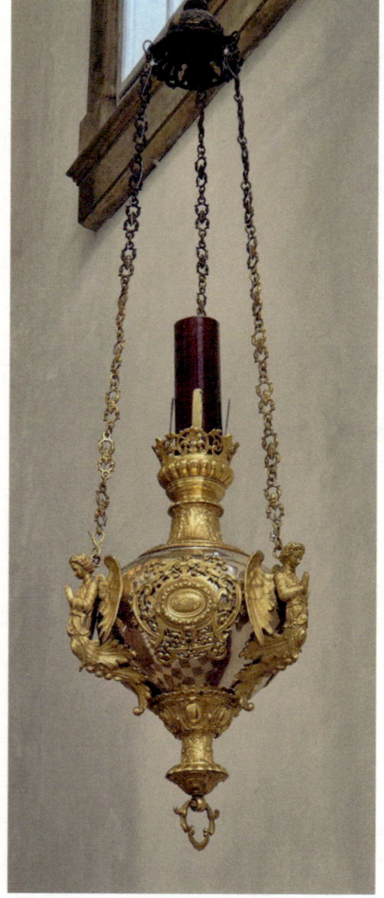

Abb. 30 Ewiges Licht (Foto: Brugger)

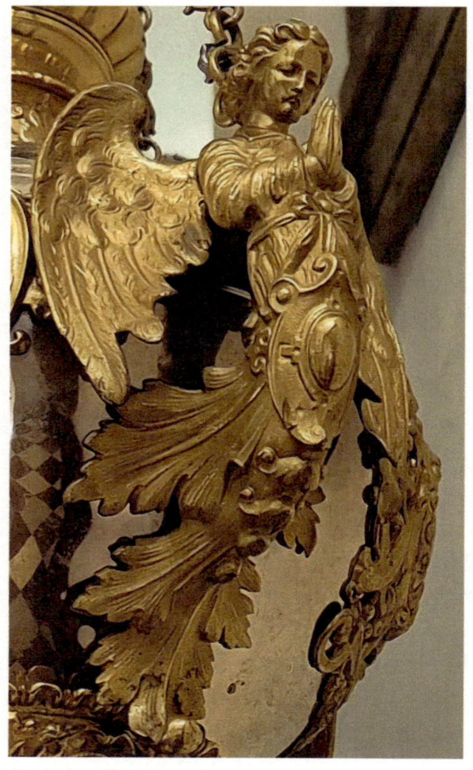

Abb. 31 Engel (Foto: Brugger)

---

[19]   Aus Pfarrbrief 107/2016.

zu Ende sind die Tage deines Leides" (Jes 60,20). Für uns sind diese beiden brennenden Ewige-Licht-Ampeln so alltäglich, dass wir sie gar nicht mehr bemerken. Sie bestehen aus einem ballonförmigen, versilberten Grundkörper, am Umfang verziert mit vergoldeten Ornamentik-Kartuschen und drei ebenfalls vergoldeten Engeln, an denen die Hängeketten befestigt sind (Abb. 30).

Die Engel haben die Flügel ausgebreitet und die Hände zum Gebet gefaltet, die Beine sind verdeckt von einem akanthusblattartigen Ornament (Abb. 31).

Im oberen Teil leuchtet in einer vergoldeten kelchförmigen Halterung das Ewige Licht, eine rote Öllampe. Das Ganze hängt an einem mit Ornamenten geschmückten Wandausleger.

Frau Mag. Krebs, die Metallrestauratorin der Peregrinikapelle, hat diese Ewige-Licht-Ampeln in das dritte Viertel des 19. Jh. datiert; die mit Ornamenten geschmückten Ausleger in das 18. Jh.

Das Ewige Licht hat seinen Ursprung in der Tradition des jüdischen Tempels in Jerusalem. Es wurde von den Christen übernommen und verbreitete sich im 13. Jh. in Europa. Allerdings haben sich nicht sehr viele Ewige Lichter aus dem Mittelalter erhalten.

Ein besonders schönes Exemplar aus dem Jahr 1598 mit der Bezeichnung „Immerlicht" befindet sich in der Josefskapelle in der Wiener Hofburg (Abb. 32).

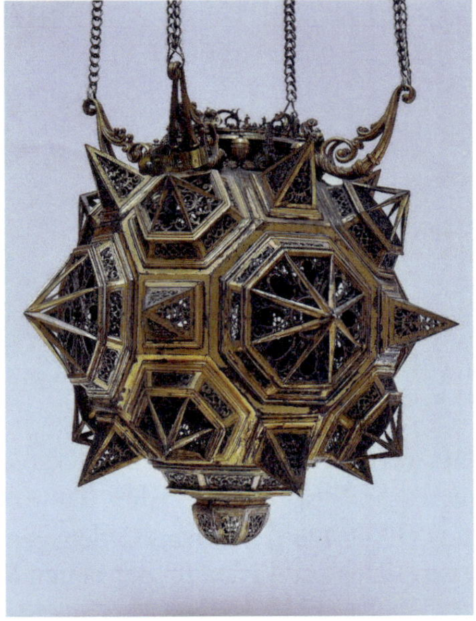

Abb. 32 "Immerlicht" der Josefskapelle (Foto: Newesely)

4.   Kaiser-Oratorium

Kaiser Rudolf I. – ein Servit? Die Oratorienfenster in unserer Pfarrkirche[20]

Im Presbyterium unserer Kirche sieht man links oben zwei kunstvoll verzierte Fenster. Dahinter befindet sich der Winter-Betchor des Klosters, früher als „Kaiser-Oratorium" bezeichnet, da im 18. Jh. mehrmals Kaiser und Hofstaat dort dem Gottesdienst beiwohnten. Deshalb sind die Fenster auch gerahmt mit vergoldeten Schnitzereien und bekrönt mit kaiserlichen Symbolen: Adler mit Szepter und Schwert, Krone und Reichsapfel, Engel mit Posaunen als Herolde (Abb. 33).

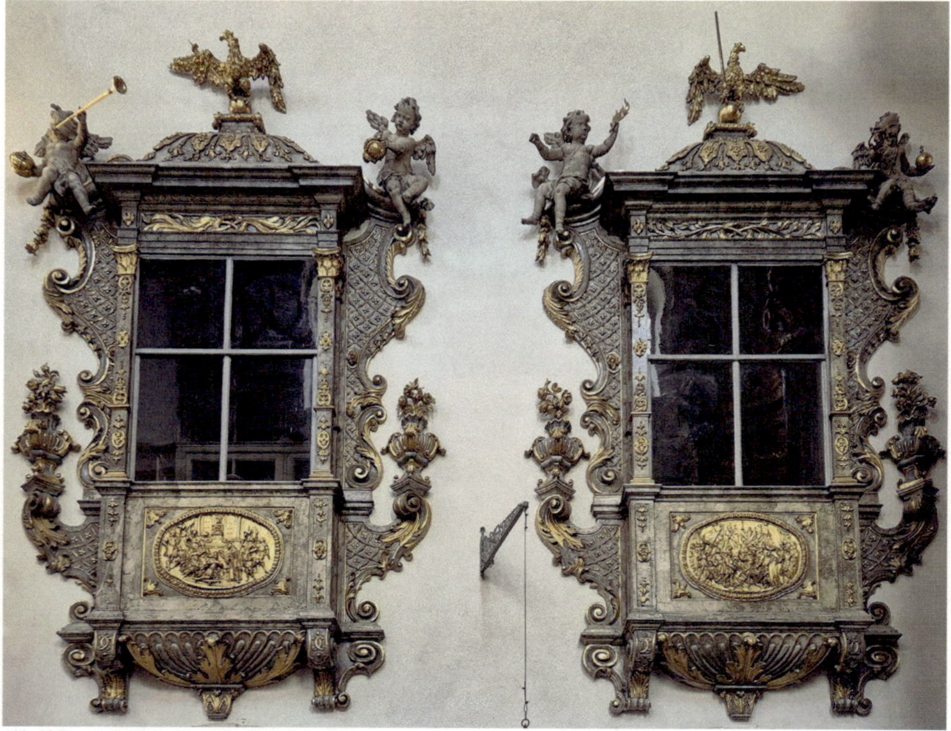

Abb. 33 Fenster der Kaiser-Oratorien (Foto: Brugger)

Unter den Fenstern sind zwei ovale, geschnitzte und vergoldete Hochreliefs, die sich auf die Verbindung der Serviten mit dem Kaiserhaus beziehen:

Der hl. Philippus Benitius (1233–1285) lernte als Ordensgeneral während seiner zweiten Deutschlandreise (1276) zur Visitation der neuen Niederlassungen den Kaiser Rudolf I. von Habsburg (1218–1291, Kaiser ab 1273) kennen, und die

---

[20]   Aus Pfarrbrief 88/2011.

gegenseitige Wertschätzung bewog Philipp, den Kaiser und seine Gemahlin Gertrud von Hohenberg mit dem Skapulier[21] der Serviten zu bekleiden und sie in den 3. Orden der Serviten aufzunehmen.

Diese Szene ist im linken Relief zu sehen (Abb. 34), im rechten bekleidet der hl. Philipp Benitius andere Fürsten, Heerführer und Krieger mit dem Servitenskapulier. Die Verzierungen der Fenster und die Hochreliefs entstanden 1736 und werden dem Bildhauer der Kanzel unserer Kirche, Frater Joseph Hilber zugeschrieben. Die Szene der Skapulierverleihung und Aufnahme in den Dritten Orden ist übrigens auch in einem der Oval-Bilder (dort Nr. 17) im Klostergang zu sehen (Abb. 35).

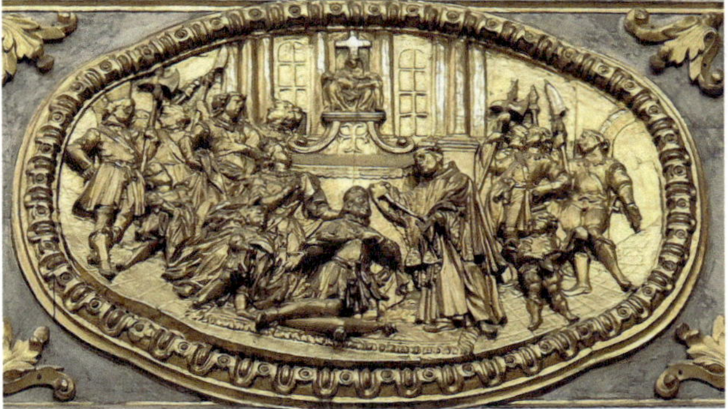

Abb. 34 Halbrelief am linken Kaiseroratorium (Foto: Brugger)

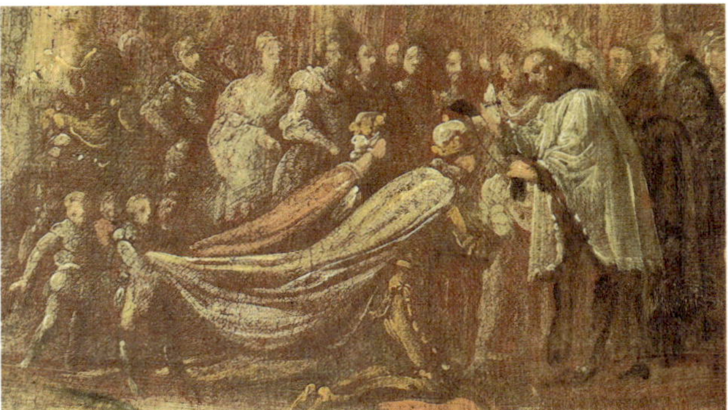

Abb. 35 Ausschnitt aus Oval-Bild Nr. 17 (Foto: Brugger)

---

21 Ursprünglich Teil der Mönchskleidung; später Devotionszeichen und wird zu den Sakramentalien gezählt (Red.).

5.   Der Betchor

Der Betchor hoch hinter dem Hochaltar der Servitenkirche[22]

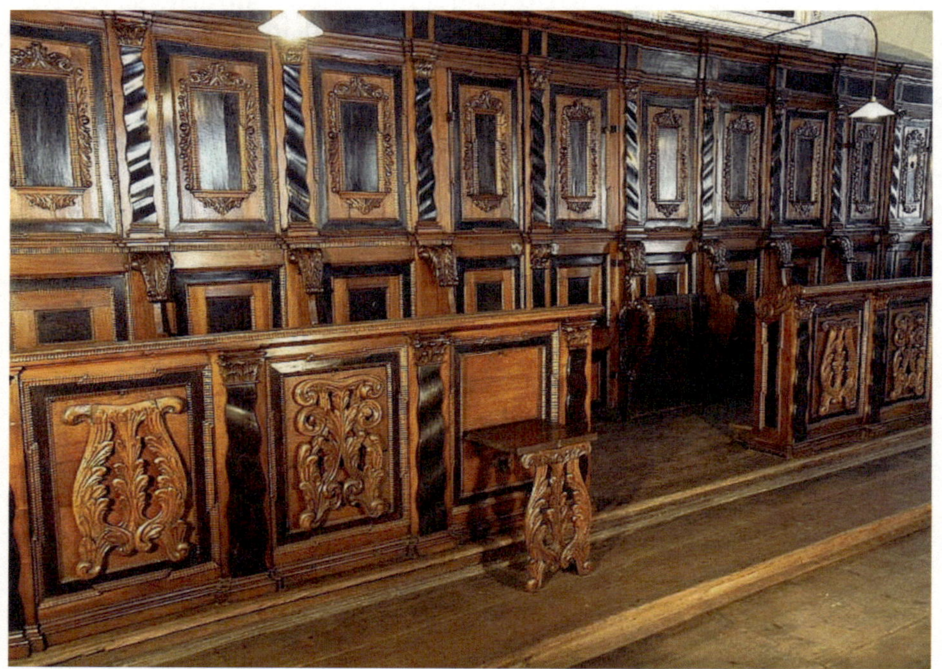

Abb. 36 Chorgestühl (Foto: Newesely)

In allen Ordenskirchen gibt es einen Betchor der Mönche. Dort versammeln sich die Mönche zum Stundengebet, so wie es in den Ordensregeln festgelegt ist. Diese Betchöre wurden mit einem Chorgestühl ausgestattet, das in vielen Fällen reich mit Schnitzereien verziert ist. Der Mönchschor war normalerweise im Altarraum der Kirche untergebracht. Bis zum Mittelalter war dieser Bereich noch durch einen „Lettner" vom übrigen Kirchenbereich getrennt und daher von den Laien nicht einsehbar. Nach der Renaissance wurden diese Lettner durch Chorschranken ersetzt, die sich später zum Kommuniongitter entwickelten. In der Servitenkirche ist der Betchor[23] der Mönche nach italienischer Tradition hinter dem Hochaltar über der Sakristei (ähnlich wie in der Franziskanerkirche) angeordnet und kann nur vom Kloster aus betreten werden. Das Chorgestühl ist längsseitig an den beiden Seitenwänden und an der Stirnwand wie in einer Arena

---

22   Aus Pfarrbrief 96/2013.

23   Oft auch „Sommerchor" genannt im Gegensatz zum „Winterchor" (ehemaliges Kaiser-Oratorium, siehe Seite 26).

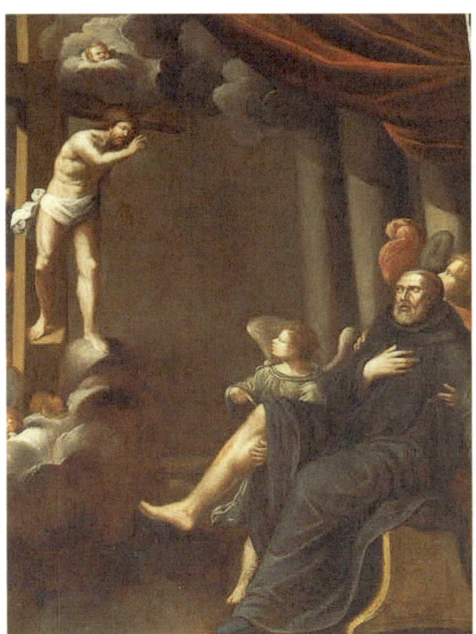

Abb. 37 Peregrinus im Sommerchor (Foto: Newesely)

angeordnet. Dorsale und Sitze („Stallen") sind ornamental mit Schnitzereien verziert. Die Stallen sind in sieben Gruppen für 25 Mönche angeordnet. Für weitere Mönche sind vorne an den Pulten Klappsessel hinter einer Reliefschnitzerei verborgen (Abb. 36).

Aus der Ornamentik der Schnitzerei lässt sich die Entstehungszeit des Chorgestühls auf 1660–1670 datieren, also die Bauzeit der Servitenkirche.

An den Wänden hängt über jeder Sitzgruppe ein Ölgemälde mit Szenen aus dem Mönchsleben der Serviten, darunter eine sehr interessante Darstellung der Heilung des hl. Peregrin, bei der Christus vom Kreuz herabsteigt (Abb. 37).

In der Mitte des Betchores steht ein drehbares barockes Lesepult (Abb. 38), an dem der Kantor aus dem „Stundenbuch" vorsang.

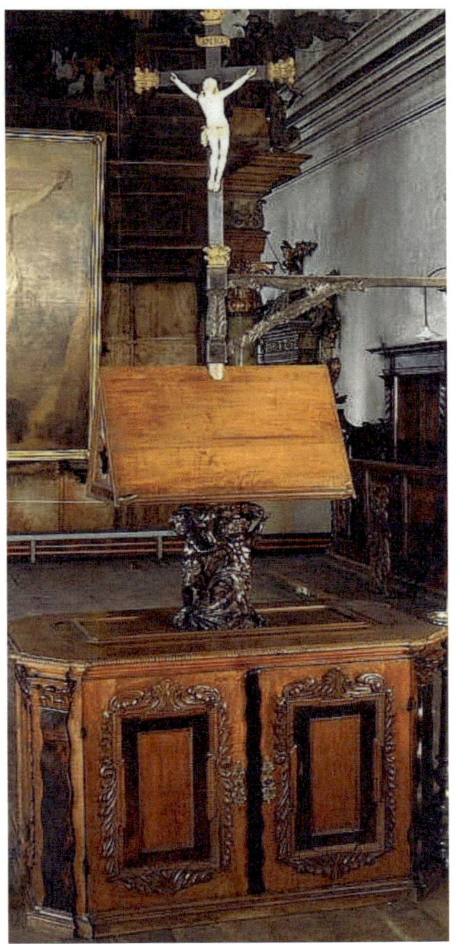

Abb. 38 Lesepult im Sommerchor (Foto: Newesely)

6.   Monstranz und Himmel

Fronleichnamsfest in der Rossau[24]

Zu Fronleichnam, dem Fest der leiblichen Gegenwart Christi in der Eucharistie („Corpus Christi"), wird in einer Prozession das Allerheiligste in einer Monstranz von einem Priester unter einem „Himmel" getragen. Auch in unserer Pfarre gab es diese Tradition lange Zeit.

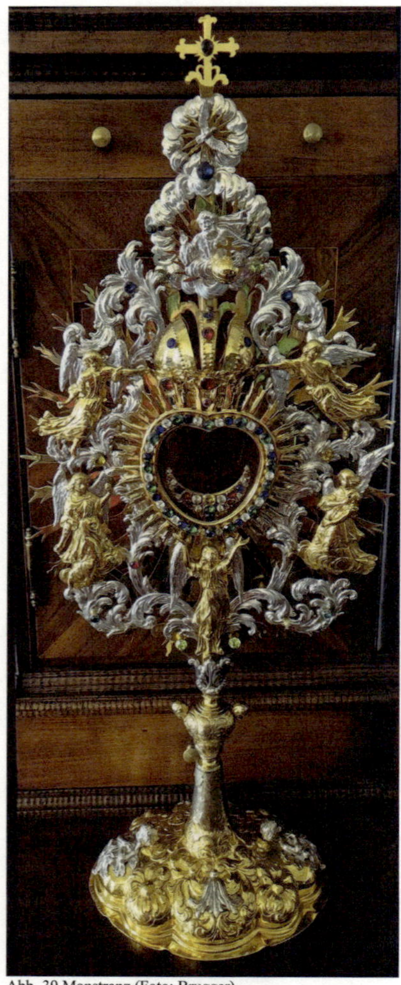

Abb. 39 Monstranz (Foto: Brugger)

Monstranz

Die Monstranz unserer Pfarre ist eine sehr schöne „Sonnenmonstranz" mit einem silbernen und goldenen Strahlenkranz um das Allerheiligste. Das deutet auf das Licht des Lebens, das von der Eucharistie ausgeht.

Der herzförmige Behälter in der Mitte ist umrahmt von einem Kranz aus weißen, blauen und grünen Schmucksteinen.

Der Strahlenkranz ist mit versilberten Akanthusmotiven durchwoben, fünf vergoldete Engel schweben rings um das Allerheiligste.

Oben sitzt Gott Vater, in seiner Hand einen mit einem Kreuz bekrönten goldenen Reichsapfel als Zeichen für das Gottesreich. Darüber schwebt der Hl. Geist als silberne Taube, ganz oben ein vergoldetes griechisches Kreuz (Abb. 39).

---

[24]   Aus Pfarrbrief 112/2017.

Himmel

Der Traghimmel besteht an der Sichtseite (Unterseite) aus grüner Seide, bestickt mit goldenen Blumenranken mit weißen und roten Blüten (Abb. 40). Die Tragstangen sind bekrönt mit roten Herzen, aus denen goldene Flammen schlagen.

Die Pfarre besitzt aber auch einen schweren barocken Traghimmel, dessen Tragstangen von Adlern bekrönt sind und der bis etwa 1960 verwendet wurde (Abb. 41).

Auf diesem Bild aus dem Jahr 1929 tragen die Priester auch noch

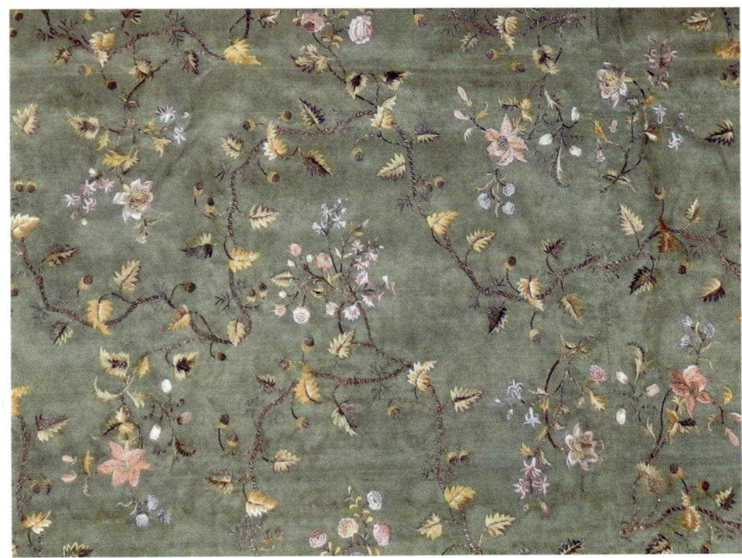

Abb. 40 Der "Himmel" (Foto: Newesely)

den „Maria-Theresien-Ornat", bestehend aus einer Kasel (Monstranzträger) und je zwei Pluvialen und Dalmatiken.

Alle sind bezeichnet mit „M–1774–T" und angeblich von Kaiserin Maria Theresia selbst bestickt und 1778 der schmerzhaften Muttergottes gewidmet worden (so Leutmötzer 1919).

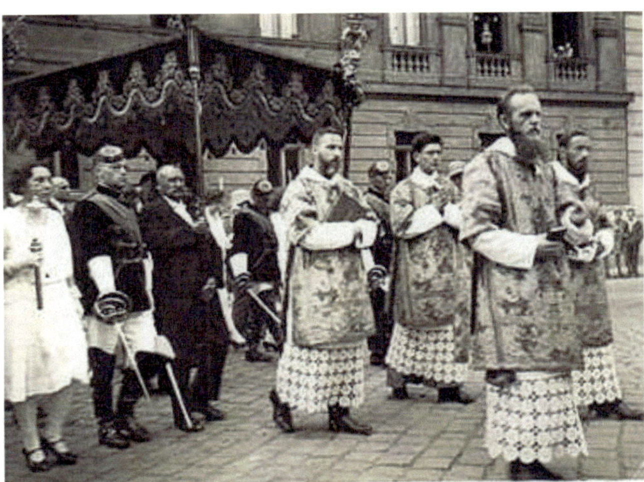

Abb. 41 Prozession 1929 (Foto: unbekannt)

7.   Die Kirchenbänke

Die „verrückten" Kirchenbänke: Gebrauchsgegenstand oder Kunstwerk?[25]

Bis zum Hochmittelalter gab es keine Bänke oder Stühle in den Kirchen. Man kniete oder stand bei der Liturgie. Erst im Spätmittelalter (Ende 14. Jh.) wurden Sitzgelegenheiten für die Kirchenbesucher aufgestellt, die dann auch reservierbar wurden oder blockweise bestimmten Berufsgruppen, Zünften, Gilden etc. zugeordnet wurden. Ab Beginn des 17. Jh. wurden Kirchen allgemein mit Kirchenbänken ausgestattet. Nachdem die Servitenkirche (Bauzeit 1651–1676) im Jahr 1666 eingewölbt worden war, begann man nach der Bodenpflasterung auch mit der Anfertigung der Kirchenbänke, gestiftet von Frau von Hoy (600 Gulden). Diese Bänke sind aber während der 2. Wiener Türkenbelagerung 1683 als Brennholz verwendet worden (wie auch zwei Altäre[26] und die Kanzel[27]) und mussten danach neu hergestellt werden.

Es sind vier Bankblöcke mit je sechs Bänken, die sich an das Längsoval des Kirchenraumes anpassen. Die Bankwangen sind leicht ausgebauchte sogenannte „verzerrte Baluster" (Abb. 42), auch die Fronten und Rückwände der Bankblöcke zeigen balusterartige Elemente.

Die Bänke sind weitgehend (Sitz, Lehne und Buchauflage) mit Nussholz furniert und mit kunstvoll eingelegten Bandintarsien und Flächen aus unterschiedlichen Hölzern versehen (Abb. 43).

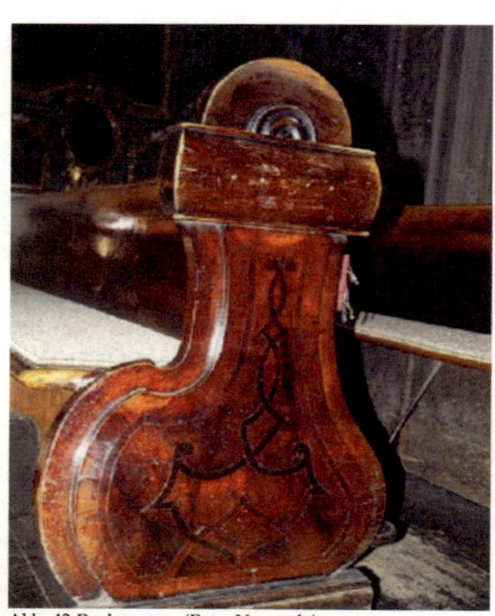

Abb. 42 Bankwangen (Foto: Newesely)

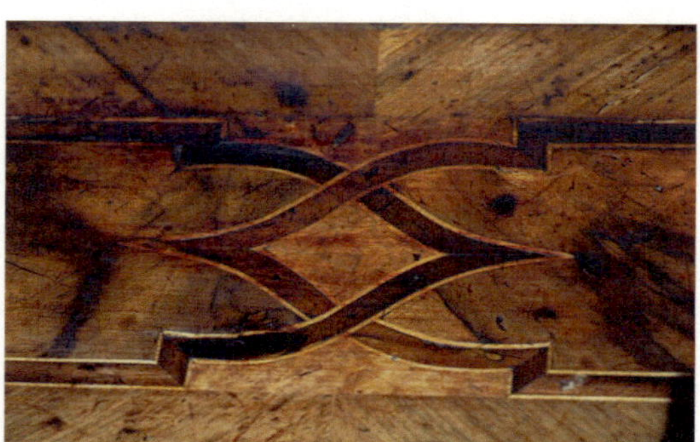

Abb. 43 Bandintarsien (Foto: Newesely)

Sie sind sicherlich von Ordensangehörigen (z. B. Tischler als Laienbrüder) hergestellt worden (wie z. B. auch die Kanzel). Die Entstehungszeit wurde in einer Dissertation mittels Stilvergleich mit ca. 1725 festgestellt, im Dehio (1993)

---

[25]   Aus Pfarrbrief 127/2021.

[26]   Benitius-Altar (dazu siehe Seite 51) und Antonius-Altar (dazu siehe Seite 80). (Red.)

[27]   Zur Kanzel siehe Seite 40. (Red.)

ist sie mit „um 1720" datiert. Wenn im Spätfrühling die Sonne schon am Vormittag hoch steht und während der 10 Uhr-Messe durch die Kirchenfenster auf die Bänke scheint, leuchtet das Nussholz geradezu auf.

Da im Rahmen der Kircheninnenrenovierung der Altar etwas näher zum Kirchenraum verschoben wurde, gab es ein Projekt, die Kirchenbänke durch Stühle zu ersetzen, was zu vielen Diskussionen geführt hatte. Schließlich hat das Bundesdenkmalamt aber anders entschieden, die Bänke blieben.

Um aber Platz zu schaffen wurden die vorderen Bankblöcke um etwa 50 cm zurückversetzt („verrückt"), was von engagierten Pfarrangehörigen unentgeltlich durchgeführt wurde (Abb. 44).

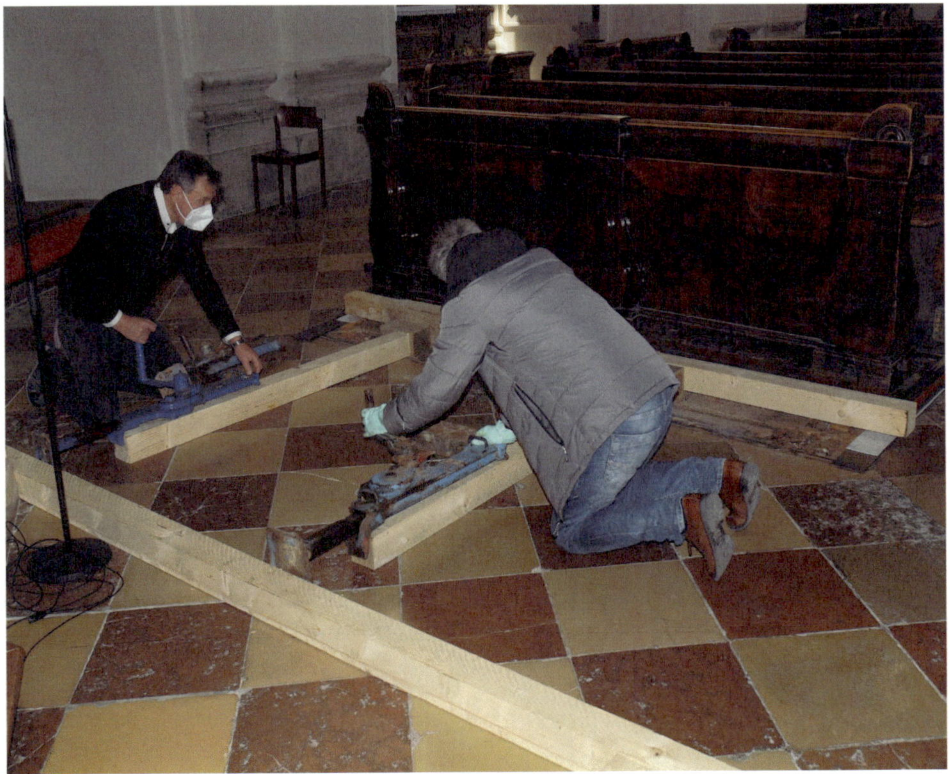

Abb. 44 Verschiebung der Bänke (Foto: Newesely)

8. Propheten und Sibyllen

Im Hauptraum können wir nach oben blickend auf den Altarbögen der Seitenaltäre jeweils zwei Propheten oder Sibyllen (Stuckarbeiten von Giovanni Battista Barbarino, 1669) sehen. Es sind dies (vgl. Abb. 1 Nr. 4) – von links nach rechts – beginnend oberhalb des ersten linken Seitenaltars (Benitius-Altar) die Propheten Maleachi und Sacharja, die Sibyllen Tiburtina und Persica, die Propheten Baruch und Jesaja, dann in der Mitte oberhalb des Volksaltars David und Salomon, rechts davon Ezechiel und Daniel, die Sibyllen Europœa und Lybica, die Propheten Habakuk und Zephanja, sowie unterhalb der Orgel die Sibyllen Erithrœa und Samia. (Red.)

Die Propheten in unserer Kirche[28]

Die Propheten, die in unserer Pfarrkirche am Gesims sitzen, deuten mit ihren Sprüchen den Weg Israels durch die Zeit mit dem prophezeiten Ziel des Erscheinens des Messias und der Verkündigung an Maria, dass sie diesen Messias gebären werde. Sie verkünden und preisen den kommenden Christus als Herrscher und König, als strahlenden Helden, auch personifiziert durch die Weisheit Gottes. Diese Texte sind aber nicht irgendwo im Alten Testament vergraben, sondern wir finden sie im Laufe des Kirchenjahres in den Lesungen.

Maleachi:

In der Zeit bis zum Osterfest hören wir in der Lesung des Festes der Darstellung des Herrn (2. Feber) den Propheten Maleachi (links hinten über dem Philippus-Benitius-Altar). Durch ihn spricht Jahwe zu seinem Volk und bekräftigt seine Liebe zu Israel, er klagt über die Priester; aber es kommt der Tag Jahwes: „Siehe ich sende meinen Boten, dass er mir den Weg bereite und dann ... kommt in seinen Tempel der Herr, nach dem ihr euch sehnt (VENIET AD TEMPLUM SUUM DOMINATOR QUEM VOS QUAERITIS, Mal 3,1)." Maleachis Text endet mit der Verheißung des Triumphes der Gerechten am Tag Jahwes.

---

[28]   Aus Pfarrbrief 83/2010.

Jesaja:

Über dem Sebastian-Altar (linker vorderer Seitenaltar) sitzt rechts der Prophet Jesaja und ahnt fast wörtlich die Verkündigung an Maria voraus: In einer fast aussichtslosen Situation ist seine Botschaft geprägt vom Vertrauen und Glauben an Jahwe, den einzigen Gott, neben dem all die anderen Götter Babylons nichts sind.

Er verheißt Israel eine neue Zeit: „... darum wird der Herr euch ein Zeichen geben: Seht die Jungfrau wird empfangen und einen Sohn gebären (ECCE VIRGO CONCIPIET ET PARIET FILIUM) und sein Name wird sein Immanuel ..." (Jes 7,14). Wir hören diesen Text in der Lesung am Fest Verkündigung des Herrn (25. März),[29] dem auch unsere Pfarrkirche geweiht ist.

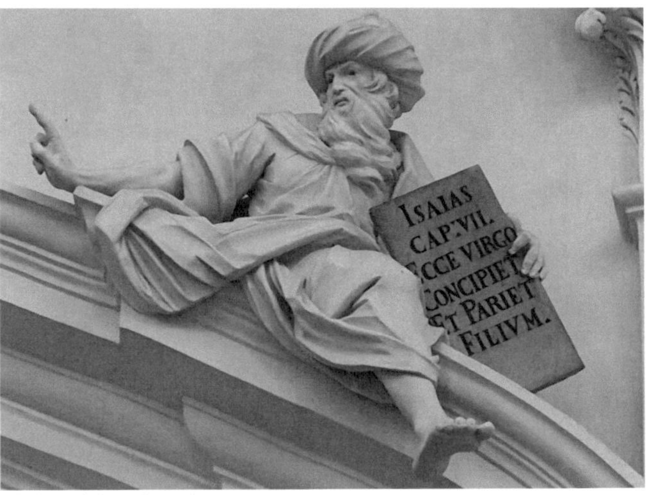
Abb. 45 Jesaja (Foto: Brugger)

Baruch:

Links über diesem Altar sitzt der Prophet Baruch. Seine Botschaft ist geprägt vom Exil, er spricht mit seinem Volk das Gebet der Verbannten mit der Bitte an den Herrn, sein Volk nicht zu verlassen. Jahwe beklagt, dass Israel die Weisheit verloren hätte, aber verkündet, dass er sie seinem Volk wieder geben werde. „... da strahlten die Sterne und jubelten ... und darauf erschien sie auf Erden und verkehrten mit den Menschen (IN TERRIS VISUS EST CUM HOMINIBUS CONVERSATUS EST, Bar 3,38) ... sie ist das Buch der Gebote Gottes und das Gesetz; alle, die sich an sie halten, gewinnen das Leben ..." (Bar 4,1) Dieser Text findet sich in der 6. Lesung der Osternacht, leider wird er uns fast immer wegen der Länge der anderen Lesungen vorenthalten.

---

29   Außerdem am 10. Dezember (Loreto-Fest). (Red.)

Die Krippe von Sibyllen vorausgeahnt?[30]

Zu Weihnachten stellen wir in unserer Kirche[31] (und auch zuhause) eine Krippe auf, in der die Geburt Christi in einem armseligen Stall gezeigt wird und der kleine Jesus in einer Futterkrippe auf Stroh liegt (nach Lk 2,12). (Abb. 46)

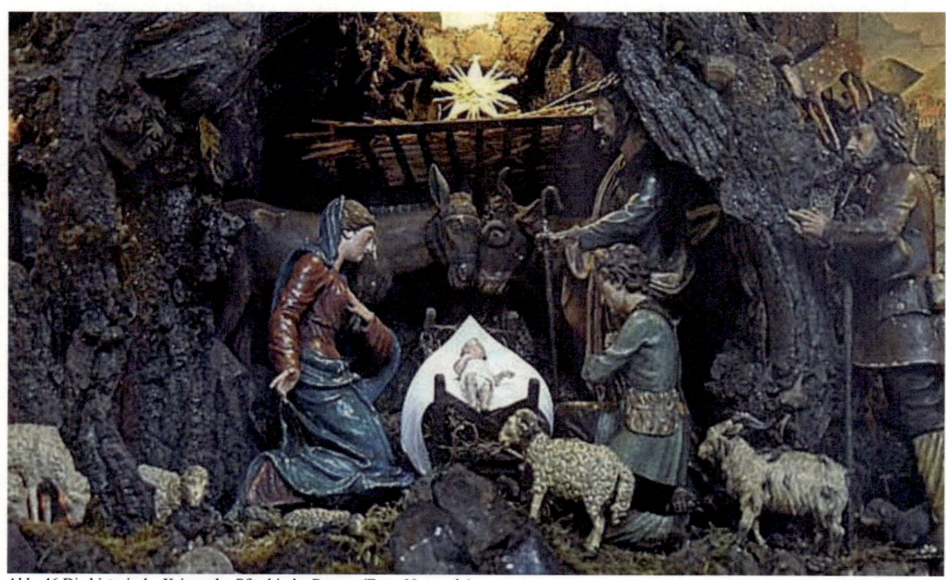

Abb. 46 Die historische Krippe der Pfarrkirche Rossau (Foto: Newesely)

Die Propheten des Alten Testaments sahen das aber nicht so. Sie (und mit ihnen die Juden der vorchristlichen Zeit) erwarteten im kommenden Messias selbstverständlich einen mächtigen Fürsten und reichen König, der imstande war, Israel den Frieden zu bringen und zu sichern.

Von Jesaja wird zwar vorausgesehen (Jes 7,14), dass der kommende Erlöser von einer Jungfrau (also nicht von einer Königin) geboren wird, aber schon kurz danach heißt es bei Jesaja (Jes 9,5–6) „....die Herrschaft ruht auf seinen Schultern. Groß ist seine Herrschaft und endlos der Friede für Davids Thron...".

In unserer Kirche sagt der Prophet Sacharja: „Siehe dein König kommt zu dir" (ECCE REX TUUS VENIET TIBI, Sach 9,9).

Anders die Sibyllen, jene gottbegeisterten mythischen Gestalten der heidnischen antiken Welt: Sie sehen die Ankunft und Regentschaft des kommenden Messias bescheiden und demütig, geradezu arm.

---

[30]   Aus Pfarrbrief 86/2010.
[31]   Beim Liborius-Altar. Diese Krippe wurde (nach Karch 1930) von Josefa Hueber 1823 für 744 Gulden angefertigt. (Red.)

Die Sibyllen in unserer Kirche sagen das auf ihren Tafeln:

Sibylla Europæa: „Er wird herrschen in Armut" (REGNABIT IN PAUPERTATE).

Insbesondere die Umstände seiner Geburt werden fast detailgetreu gesehen:

Sibylla Samia: „...und wird geboren von einer Armen" (... ET NASCETUR DE PAUPERCULA).

Sibylla Erithræa: „Er wird liegen im Heu (DEUS IACEBIT IN FOENO)" (Abb. 47).

Hier wird die Krippenszene von den Sibyllen geradezu bildhaft beschrieben.

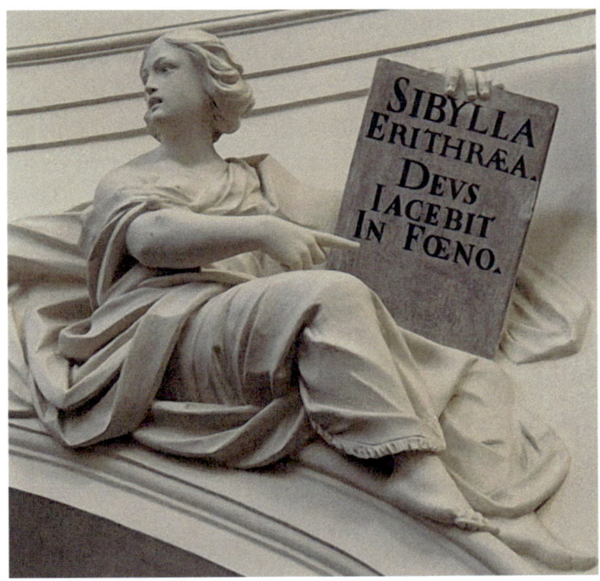

Abb. 47 Sibylla Erithræa (Foto: Brugger)

C. Die Kanzel

1.   Entwurf und Bau

Entwurf von Galli-Bibiena[32]

Die Kanzel der Servitenkirche – errichtet 1738–1739 – ist zweifellos eine der schönsten Barockkanzeln in Wien (Abb. 49).

Umso mehr erstaunt es, dass ihr Entwurf lange Zeit nicht zugeordnet werden konnte. Erst 1998 konnte der Kunsthistoriker und spätere Präsident des Österreichischen Bundesdenkmalamtes, Wilhelm Georg Rizzi, in seinem Beitrag zur Ausstellung „Triumph der Phantasie" den Italiener Giuseppe Galli-Bibiena als den genialen Planer identifizieren.

In der Familie Galli-Bibiena waren Künstler, wie Architekten, Baumeister, Maler, die Ende des 16. Jh. aus Bologna nach Wien an den Hof der habsburgischen Kaiser kamen und mehrere Jahrzehnte hauptsächlich als „Theateringenieure" deren barocke Prachtentfaltung in Theater und Realität verwirklichten.

Nebenbei übernahmen sie auch kirchliche und profane Entwurfsaufträge.

Im „Werkbuch der Familie Galli-Bibiena", das sich seit 1938 im Besitz der Österreichischen Nationalbibliothek befindet, entdeckte Rizzi Zeichnungen, die der Servitenkirche zugeordnet werden können.

In acht Skizzen auf den Blättern (fol. 143–145, aus dem Jahr 1737) entsteht vor den Augen des Betrachters die Kanzel von ersten Studien bis zum fertigen Entwurf in frappanter zeichnerischer Perfektion (Abb. 48) wie in einem Film.

---

[32]   Aus Pfarrbrief 129/2021.

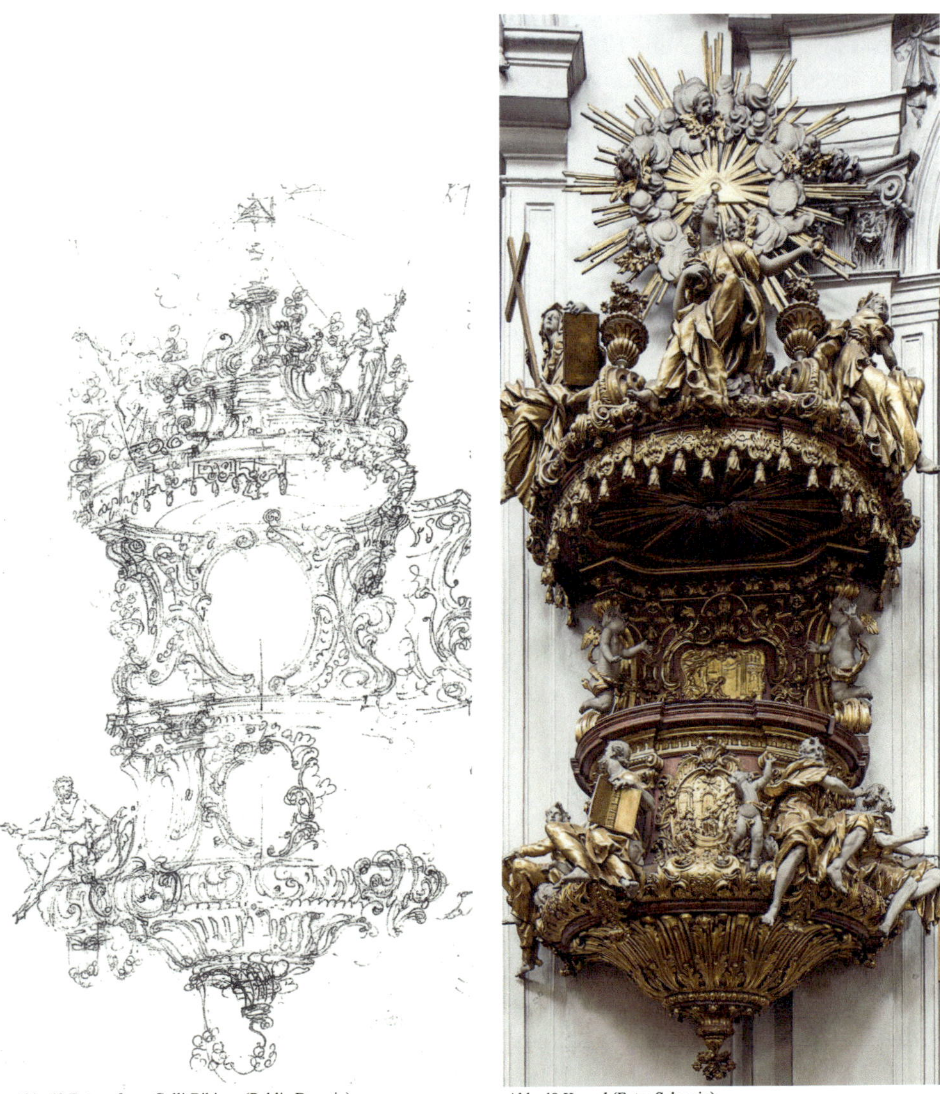

Abb. 48 Entwurf von Galli-Bibiena (Public Domain)   Abb. 49 Kanzel (Foto: Schewig)

Giuseppe Galli-Bibiena (1695–1748) hat sich hauptsächlich an der 1715 entstandenen – also entwicklungsgeschichtlich inzwischen überholten – Kanzel der Jesuitenkirche orientiert, modernisiert aber den Aufbau auf kreisförmigem Grundriss, plastisch bewegter Durchbildung des Korpus und dominanter Wirkung der Figuren zu einem kompakten Gesamteindruck. Das figurale Programm wurde offensichtlich im Einverständnis mit den Serviten auch von der Jesuitenkanzel übernommen und von Balthasar Moll ausgeführt. Den Bau und die ornamentale Ausgestaltung besorgten handwerklich ausgebildete

Laienbrüder des Servitenordens (Abb. 50 und Abb. 51): Prokopius Noholotzki (1706–1778, aus Böhmen, 1733 in den Orden eingetreten mit der Berufsbezeichnung „Arcularius", also Kunsttischler), und Joseph Hilber (1698–1778, aus Mieders in Tirol, 1725 in den Orden eingetreten mit Berufsbezeichnung „Sculptor", Bildhauer). Hilber verbrachte seine Jugendzeit und Ausbildung in Tirol und kannte mit Sicherheit den in Innsbruck ansässigen Bildschnitzer Nikolaus Moll und vor allem seine Söhne Nikolaus und Balthasar, die in Wien Karriere machten. Es könnte gut sein, dass Frater Hilber für die figürliche Ausstattung der Kanzel den ihm bekannten und hochbegabten Balthasar Moll auswählte. Die frühere Kanzel war im Jahr 1670 aufgestellt worden und ist während der Türkenbelagerung (1683) verbrannt. Sie war wie die Altäre schwarz und hatte mehrere vergoldete Figuren.

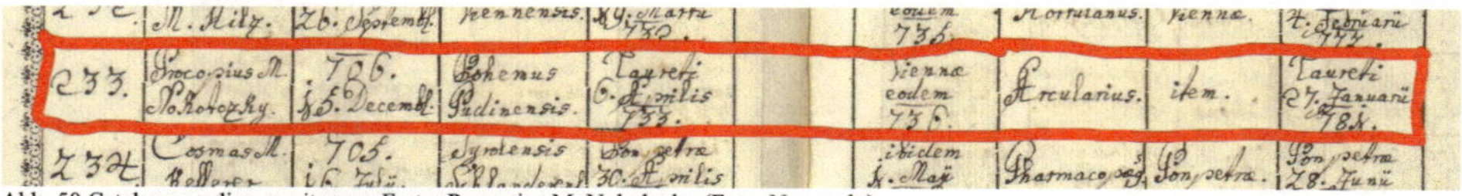

Abb. 50 Catalogus ordine servitorum: Frater Procopius M. Noholozky (Foto: Newesely)

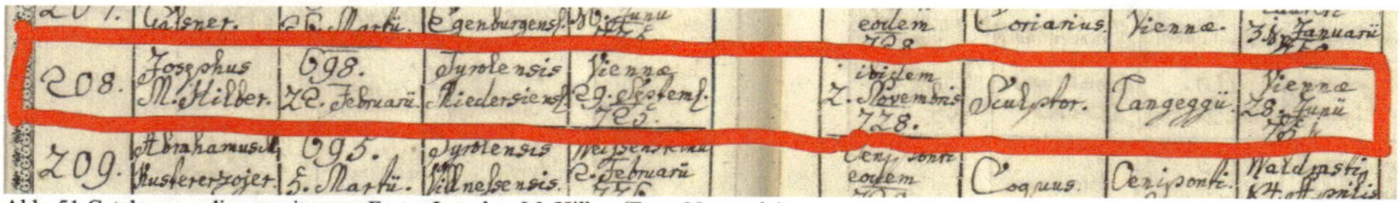

Abb. 51 Catalogus ordine servitorum: Frater Josephus M. Hilber (Foto: Newesely)

2. Das Figurenprogramm

Göttliche Tugenden und die Evangelisten[33]

Nach dem grandiosen Entwurf der Kanzel von Giuseppe Galli-Bibiena (1739; siehe Seite 38) stand als Nächstes das figurale Programm zur Diskussion. Dabei haben sich die Serviten hauptsächlich an der kurz vorher gebauten Kanzel der Jesuitenkirche orientiert: am Schalldeckel die „Göttlichen Tugenden", am Kanzelkorb die Evangelisten. Die göttlichen Tugenden sollen es dem Menschen ermöglichen, dem Wesen Gottes näherzukommen, sie haben ihn zum Ursprung und zum Ziel.

Paulus nennt sie:

Der Glaube an die väterliche Güte Gottes. Die Liebe zu diesem Gott, zu sich selbst und zu den Mitmenschen. Und schließlich die Hoffnung, dass die Liebe Gottes unendlich sei. Um die Verkündigung zu unterstützen sind sie am Schalldeckel der Kanzel vertreten: Der Glaube mit dem Kreuz als Attribut (Abb. 52), die Hoffnung mit dem Anker und die Liebe mit dem Herz.

Am Kanzelkorb sind die Evangelisten abgebildet als erste Verkünder und Bekenner des Christentums. Ihre Symbole Löwe, Stier, Adler und Mensch haben ihren Ursprung in den biblischen Visionen des Ezechiel (AT) und in der Offenbarung des Johannes vom geöffneten Himmel (Offb 4,1–11).

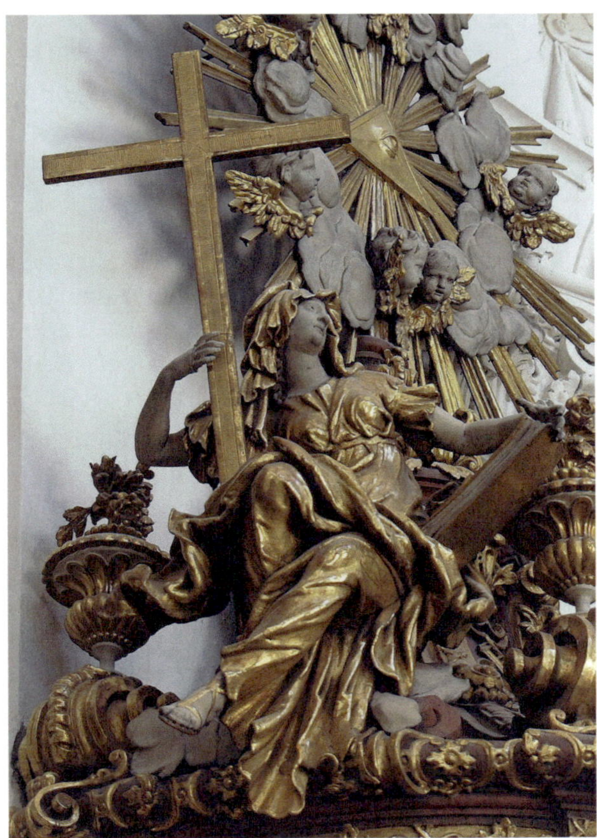

Abb. 52 Der Glaube (Foto: Newesely)

---

[33]   Aus Pfarrbrief 130/2022.

Die Zuordnung zu den Evangelisten geht auf die Kirchenväter Augustinus und Hieronymus zurück (an der Kanzel von links nach rechts): Johannes mit dem Adler, Lukas mit dem Stier, Matthäus mit einem Kind (Abb. 53) und Markus mit dem Löwen.

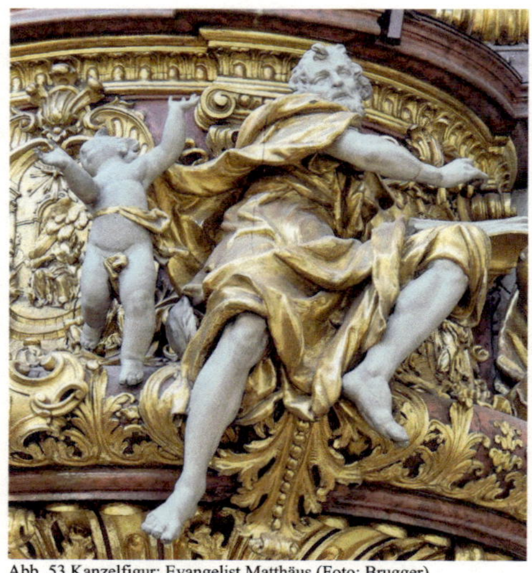

Abb. 53 Kanzelfigur: Evangelist Matthäus (Foto: Brugger)

Die Serviten übergaben die Ausführung der Figuren 1739 dem 22-jährigen und gerade nach Wien gekommenen hochbegabten Bildschnitzer Balthasar Moll. Der hatte die Bildschnitzerei bei seinem Vater Nikolaus Moll in Innsbruck gelernt und danach eine Studienreise nach Venedig unternommen. In Wien kam er sofort in den Bannkreis und den Einfluss von Raffael Donner.

Die Entwurfsfiguren (sog. „Bozzetti") für die „Göttlichen Tugenden" zeigen das deutlich. Sie stehen im Kunstgewerbemuseum in Köln und wurden lange nicht erkannt, sondern einem „süddeutschen Meister" zugeschrieben. Erst die Kunsthistorikerin Maria Pötzl-Malikova[34] erkannte, dass es sich um Entwurfsfiguren von Balthasar Moll handelte, und die zugehörigen, ausgeführten Werke in Wien in der Servitenkirche auf der Kanzel stehen. Die Figuren an der Kanzel der Servitenkirche sind die frühesten bekannten Arbeiten Balthasar Molls.

Er wurde ein vielbeschäftigter Künstler und war hauptsächlich für das Kaiserhaus und den Adel tätig. Von 1751 bis 1759 war er Akademieprofessor für Bildhauerei in Wien. Moll war verheiratet, hatte sechs Kinder und kaufte 1755 das Haus „Zu den drey Hacken" in der Rossau, Schmiedgasse 109 (heutige Porzellangasse, vgl. Abb. 118) wo er 1785 starb.

---

[34]   Maria Pötzl-Malikova, Die Kanzel der Servitenkirche in Wien und die Bozzetti der theologischen Tugenden von B. F. Moll im Kunstgewerbemuseum in Köln, in: Österreichische Zeitschrift für Kunst und Denkmalpflege 1/2 (1987), S. 1–8.

3.   Die Reliefs am Kanzelkorb

Das Pfingstereignis[35]

Zwischen den Figuren der vier Evangelisten finden sich am Kanzelkorb auch drei hochovale, vergoldete Holzreliefs, die biblische Schlüsselszenen zeigen:

Die Taufe Christi (links, vgl. Abb. 59), die Schlüsselübergabe an Petrus (rechts, vgl. Abb. 57) und das Pfingstereignis (Mitte, vgl. Abb. 56).

Sie wurden 1739/40 von dem Laienbruder Joseph Hilber geschnitzt, der zusammen mit Balthasar Moll die figurale Ausstattung der Kanzel schuf (siehe Seite 41).

Das Pfingstgeschehen wird in der Apostelgeschichte so beschrieben: „Alle waren an einem Ort versammelt. Da kam plötzlich vom Himmel her ein Brausen, wie von einem daher fahrenden gewaltigen Wind, und erfüllte das ganze Haus, in dem sie waren. Und es erschienen ihnen Zungen wie von Feuer, die sich zerteilten und auf jedem von ihnen ließ sich eine nieder. Und alle wurden vom Heiligen Geist erfüllt und begannen in fremden Sprachen zu reden, wie es der Geist ihnen eingab." (Apg 2,1–4)

Dieses Ereignis darzustellen, ist nicht einfach: ein „Brausen, wie wenn ein gewaltiger Wind daher fährt" kann man noch mit wehenden Kleidern oder Haaren darstellen, aber bei „in fremden Sprachen reden" wird es schon schwieriger. Gut, dass wenigstens der Heilige Geist schon bei Jesu Taufe „in leiblicher Gestalt wie eine Taube herabschwebte" (Lk 2,22).

---

[35]   Aus Pfarrbrief 131/2022. Das Relief Abb. 56 wurde in der Vergangenheit (Karch 1930) auch fälschlich als „Jesusknabe im Tempel" interpretiert. (Red.)

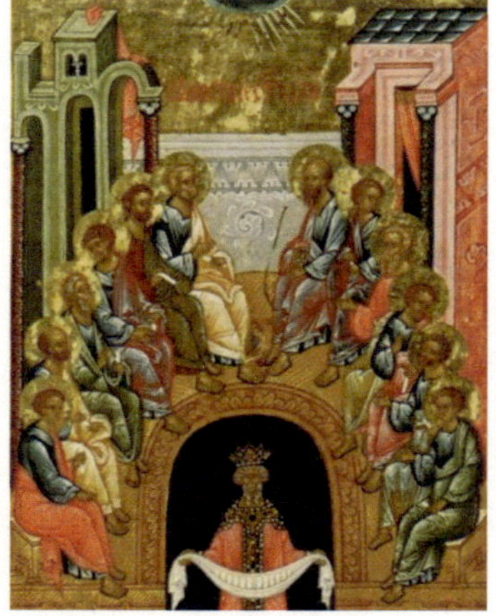

Abb. 54 Ikone aus St. Sophia/Nowgorod 15. Jh. (Public Domain)

Hilber hat sich offensichtlich an der sogenannten „Pfingst-Ikone" – Ikonostase in byzantinisch-orthodoxen Kirchen – orientiert, die dieses Motiv einfach und sehr statisch aufbaut (Abb. 54): oben in der Mitte der Hl. Geist als Taube, von der wie Strahlen die feurigen Zungen sich auf die darunter mit starren Gesichtern regungslos im Halbkreis nebeneinander sitzenden Apostel verteilen.

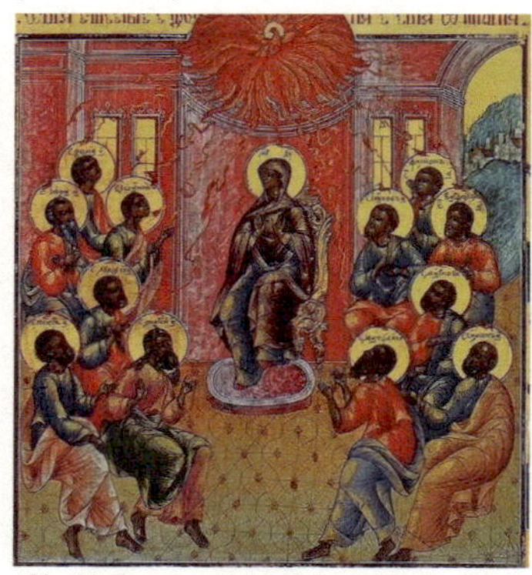

Abb. 55 Ikone aus Jekaterinburg 18. Jh. (Public Domain)

In manchen Ikonen sitzt Maria in der Mitte der Apostel (Abb. 55), das hat die Serviten (als Marienorden) offensichtlich mehr angesprochen.

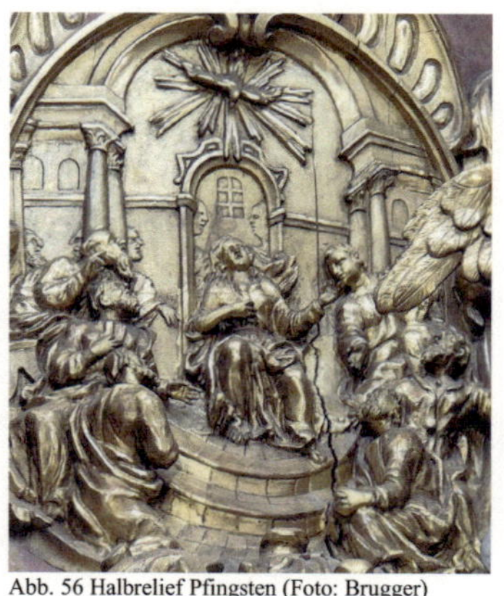

Abb. 56 Halbrelief Pfingsten (Foto: Brugger)

Hilber zeigt – beeinflusst von Balthasar Moll und Raffael Donner – die Apostel und Maria sehr bewegt, mit verdrehten Körpern und verzückten Gesichtern (Abb. 56). Erregung und Emotion sind geradezu greifbar. Bei Petrus (erkennbar an der Glatze mit Stirnschopf, so wird er von Hilber auch im Relief „Schlüsselübergabe" dargestellt) bauscht sich der Mantel im aufbrausenden Wind, der auch Marias Haare kräftig durcheinanderwirbelt.

Die Reliefs sind zum Teil von den Füßen der Evangelisten oder ihren Attributen verdeckt und daher schlecht sichtbar, zwei der Reliefs haben tiefe Holzrisse und hätten eine Restaurierung nötig.

Der „verlorene" Schlüssel des Petrus[36]

Auf seinen Wanderungen kam Jesus mit seinen Jüngern auch nach Cäsarea Philippi im Norden, bei den Jordanquellen. Die Jünger debattierten mit den Leuten, wer denn Jesus eigentlich sei. Da fragte Jesus seine Jünger, was denn sie selbst dachten. Offensichtlich waren die Jünger unsicher, aber Petrus, der schon eine Sonderstellung als Sprecher und Stellvertreter der Jünger hatte, antwortete: (Mt 16,16): „Du bist der Messias, der Sohn des lebendigen Gottes." Da lobte ihn Jesus: „Selig bist du, Simon Barjona,[37] denn nicht Fleisch und Blut hat dir das geoffenbart, sondern mein Vater im Himmel." (Mt 16,17)

Und er bezeichnet ihn mit „Du bist Petrus, und auf diesen Felsen werde ich meine Kirche bauen und die Pforten der Unterwelt werden sie nicht überwältigen" (Mt 16,18) und weiter „Ich werde dir die Schlüssel des Himmelreiches geben; und was du auf Erden binden wirst, das wird im Himmel gebunden sein,

und was du auf Erden lösen wirst, das wird auch im Himmel gelöst sein." (Mt 16,19) Damit hat Jesus seine Kirche begründet und gleichzeitig das Primat, also das Papstamt des Petrus. Jeder einzelne dieser Sätze ist wichtig. Jesus kannte Petrus sehr gut mit allen seinen Stärken und Schwächen, und wusste, dass er immer wieder unsicher war und ihn sogar verleugnen wird. Darum der Hinweis auf die kommenden Anfechtungen durch die „Unterwelt" aber auch auf die Stärken dieser Gemeinschaft der Jünger. Die Position des Primats wird von Jesus noch gefestigt durch die Verleihung der Schlüsselgewalt. Diese ist alleine und persönlich

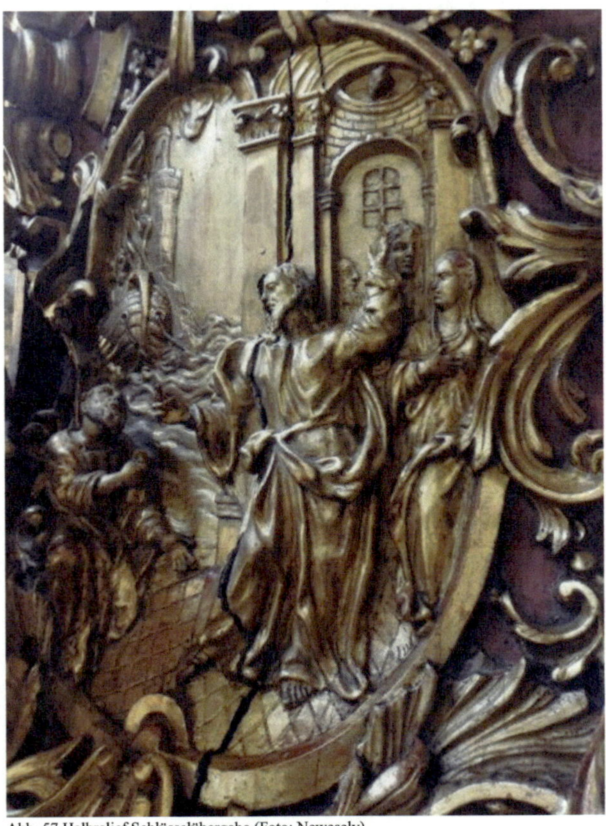

Abb. 57 Halbrelief Schlüsselübergabe (Foto: Newesely)

---

36   Aus Pfarrbrief 132/2022.
37   Simon Barjona bedeutet: „Simon, Sohn des Jona". (Red.)

an Petrus gerichtet, während Jesus den zweiten Teil dieses Satzes (Mt 16,19), also die Binde- und Lösegewalt bei anderer Gelegenheit (Mt 18,18; Joh 20,22) auch der gesamten Gemeinde der Jünger verliehen hat. Gottes Wort ist also nicht nur an die Päpste gerichtet, sondern auch an die Gemeinschaft der Jünger und muss immer neu gesehen und verstanden werden. „Ecclesia semper reformanda est" sagt Augustinus und auch das 2. Vatikanische Konzil hat sich mit dem Dokument „Lumen gentium" intensiv damit beschäftigt. Im vergoldeten Relief rechts am Kanzelkorb (beim Evangelisten Markus mit dem Löwen) ist die Schlüsselübergabe dargestellt.

Jesus deutet mit seiner Geste zum Himmel seine Verbindung mit seinem himmlischen Vater an, mit seiner anderen Hand übergibt er Petrus den Schlüssel zum Himmel (Abb. 57). Das Relief ist schlecht zu sehen, da es durch die Evangelisten zum Teil verdeckt ist.

Im Laufe der Zeit ist der obere Teil des Schlüssels abgebrochen und verlorengegangen (Abb. 58), man sollte ihn wiederherstellen, sonst ist der Sinn des Reliefs nicht erkennbar. Auch geht ein tiefer Riss durch das Relief, durch Schrumpfung des Holzes verursacht.

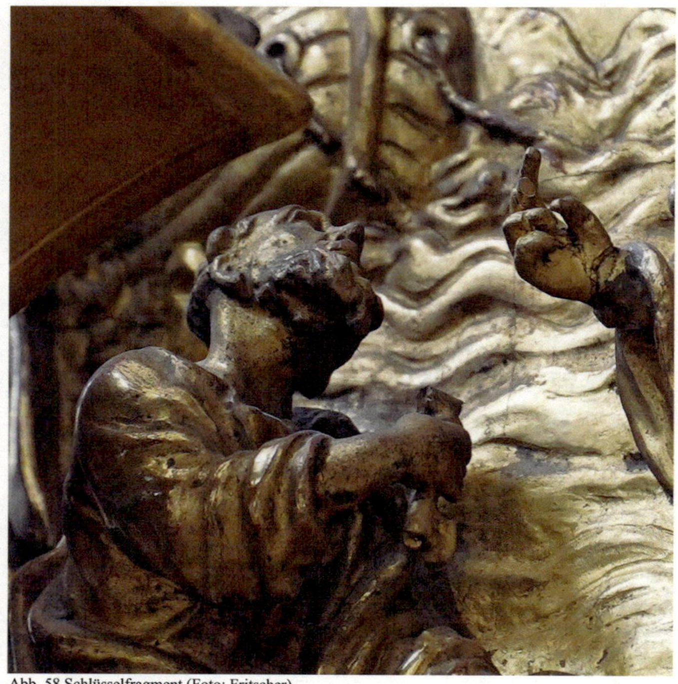

Abb. 58 Schlüsselfragment (Foto: Fritscher)

Die Taufe Jesu[38]

Die Taufe Jesu im Jordan ist in allen vier Evangelien beschrieben, am prägnantesten von Markus (Mk 1,4–9): „In jenen Tagen kam Jesus aus Nazareth und ließ sich von Johannes im Jordan taufen. Und als er aus dem Wasser stieg, sah er, dass sich der Himmel öffnete und der Geist wie eine Taube auf ihn herabkam. Und eine Stimme vom Himmel sprach: Du bist mein geliebter Sohn, an Dir habe ich Gefallen gefunden.“

Dieser Text von Markus hat zwei Teile: einen natürlich-gegenständlichen (Jesus lässt sich taufen und steigt aus dem Wasser) und einen übernatürlich-transzendenten (der Himmel öffnet sich, der Hl. Geist schwebt wie eine Taube herab, eine Stimme spricht aus dem Himmel: „Du bist mein geliebter Sohn“)

Der Bildschnitzer Josef Hilber hat beide Teile meisterlich in einem Bild zusammengefasst (Relief am Kanzelkorb, Richtung Kircheneingang, Abb. 59).

Jesus steigt aus dem Fluss, gebückt trocknet er sich ab. Neben ihm steht Johannes, ein Engel hat ihm Wasser in einer Schüssel gereicht (eine große Muschel). Als Taufwasser rinnt es aus seiner erhobenen Hand auf den Kopf von Jesus herunter. Am Himmel erscheint eine Taube, die die Wolken zur Seite drängt. Die Stimme Gottes wird durch Strahlen versinnbildlicht.

Hilber stellt die Szene sehr bewegt, geradezu expressionistisch dar. Wie bei der „Schlüsselübergabe an Petrus“ begnügt er sich nicht mit einem Flächenrelief, sondern geht in den Raum: Flügel, Arm und Oberkörper des Engels sind hinterschnitten, ebenso Kopf und Oberarm von Jesus

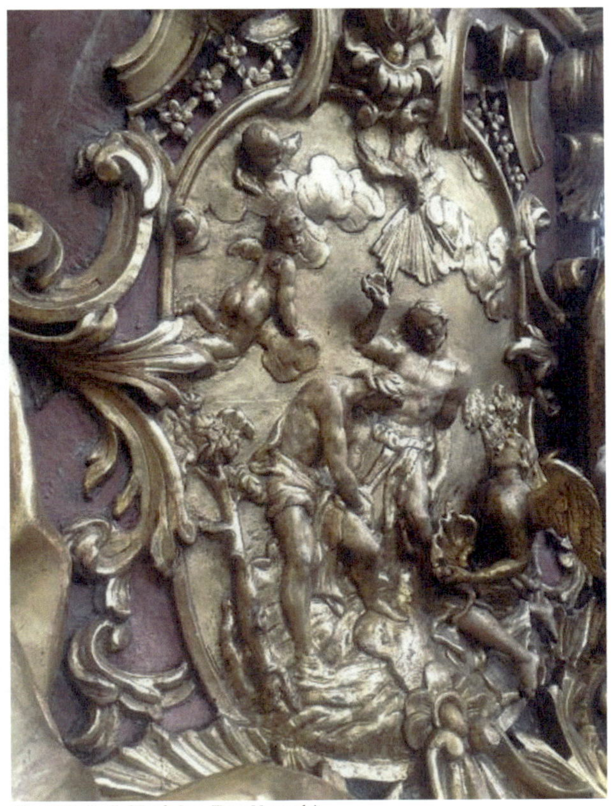

Abb. 59 Halbrelief Taufe Jesu (Foto: Newesely)

---

und die taufende Hand von Johannes. Die Strömung des Jordan ist so plastisch, dass man vermeint, das Plätschern des Wassers zu hören.

Unter Epiphanie (Erscheinung des Herrn) verstand und feierte man ursprünglich die Sichtbarwerdung der Gottheit Jesu bei der Geburt in Bethlehem, bei der Anbetung der Könige, bei der Taufe im Jordan und bei der Hochzeit zu Kana in einem Fest am 6. Jänner.

Das Fest der Geburt Christi wurde in der römischen Staatskirche im Jahr 432 auf den 25. Dezember verlegt, die Epiphanie verblieb am 6. Jänner.

Das 2. Vatikanische Konzil verlegte die Taufe Jesu dann noch auf den Sonntag danach.

Trotzdem heißt der 6. Jänner noch immer „Erscheinung des Herrn", aber eigentlich wird an diesem Tag der Anbetung durch die drei hl. Könige gedacht.

Die Taufe Jesu im Jordan ist in unserer Kirche auch in einem Fresko in der Kuppel über dem Johannes-Altar (hinten rechts) zu sehen (Abb. 60).

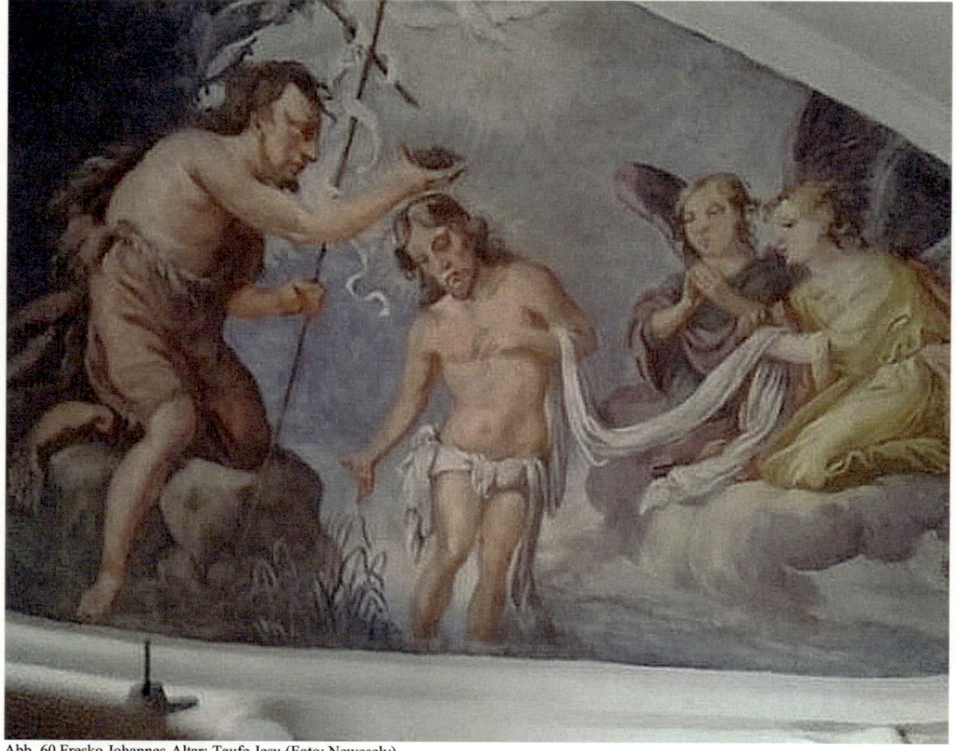

Abb. 60 Fresko Johannes-Altar: Taufe Jesu (Foto: Newesely)

D. Die Seitenaltäre

Wenn wir die Kirche betreten, fallen im großen ovalen Hauptraum die sechs Nischen mit den so genannten Seitenaltären auf – im Unterschied zum Hochaltar (diesen siehe Abb. 22 und Abb. 27) und zum Volksaltar: Im Uhrzeigersinn links beginnend sind dies zunächst der Benitius-Altar, der große Schmerzensaltar, Sebastian-Altar, dann auf der rechten Seite des Hauptraums weiter zunächst der Liborius-Altar, der große Antonius-Altar und schließlich der Johannes-Altar als der vom Eingang aus gesehen erste rechte Seitenaltar (vgl. Grundriss der Servitenkirche Abb. 1 auf Seite VIII). Folgen wir den Ausführungen Neweselys in dieser Reihenfolge. (Red.)

1. Philippus-Benitius-Altar

a) Das Wappen des Stifters

Oberingenieur Martin Stier (1620–1669)[39]

Martin Stier wurde 1620 geboren, von seiner Herkunft und Familie wissen wir leider nichts, es gibt auch kein Bild von ihm. Er war technisch und zeichnerisch hochbegabt, wurde im „Genie-Corps" als Ingenieur ausgebildet und bald von Ottavio Piccolomini (siehe Seite 55) entdeckt und engagiert. Er konnte Geschoß-bahnen berechnen und war daher wichtig für die Positionierung von Geschütz-batterien. Ebenso war er Fachmann für Planung und Bau von Festungsanlagen. Im 30-jährigen Krieg machte er unter Piccolomini seine Karriere als Ingenieur-Capitain und später als General-Quartiermeister-Lieutenant. Nach dem Westfä-lischen Frieden (1648) hat Piccolomini ihn weiter eingesetzt, um seine Vorstel-lungen beim Bau des Bankett-Gebäudes für den Friedens-Exekutionskongress in Nürnberg (1650) zu verwirklichen. Kaiser Ferdinand III. und später Leopold I.

haben die Kenntnisse und Er-fahrungen von Martin Stier sehr geschätzt. Sie beauftragten ihn, die Festungen der südöstlichen Kronländer und vor allem der „Militärgrenze" im Hinblick auf eine mögliche osmanische Of-fensive auf ihre Sicherheit zu überprüfen und Verbesserungs-vorschläge zu machen (Abb. 61).

Dabei hat Martin Stier auch die Landkarten dieser Länder neu gezeichnet, sie gelten als die

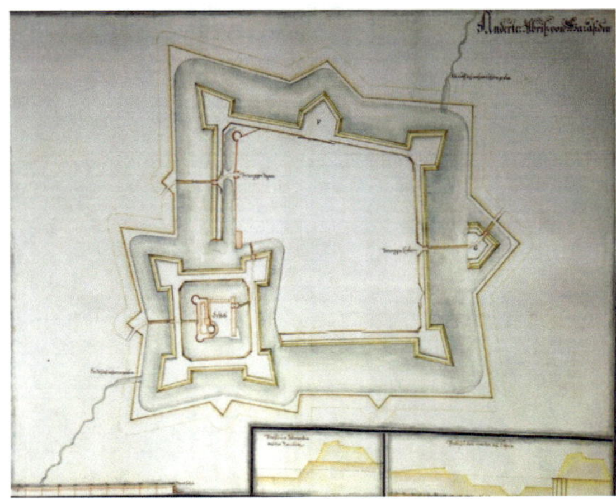

Abb. 61 Festung Varaždin an der Militärgrenze (Public Domain)

---

39   Aus Pfarrbrief 128/2021.

genauesten Länder-Darstellungen des 17. Jh. und waren eine wichtige strategische Unterlage für die kaiserliche Armee in den Türkenkriegen. In einem Lehrbuch „Schlüssel zur Mechanica" hat er den zeitgenössischen Stand der Geometrie und Mechanik dargestellt, ein Leckerbissen für jeden an der Geschichte der Technik Interessierten. Die letzten Jahre seines Lebens wohnte er in Wien auf der Wasserbastei. Dort ist er auch 1669 gestorben, laut Totenbeschauprotokoll an „Lungensucht", einer Berufskrankheit der Kanoniere. Laut Stiftungsvertrag ist er unter dem von ihm gestifteten Philippus Benitius Altar begraben.

Da wir die Familiengeschichte von Martin Stier nicht kennen, ist sein Wappen schwierig zu erklären. Bürgerliche Familien hatten sehr oft sogenannte „sprechende" Wappen, die also vom Namen abgeleitet sind. Sein Wappen hier in der Kirche sollte also vermutlich einen Stier zeigen, was aber selbst bei größter Nachsicht nicht der Fall ist. Was sich im Wappen befindet ist eher ein starker Bock mit kurzem Geweih in undefinierter, eher brauner Farbe (Abb. 62).

Da der Schild als Grundfarbe blau zeigt, sollte das Wappentier golden oder silbern sein. Es kann aber beim Brand des Philippus-Benitius-Altares während der Türkenbelagerung 1683 das oberhalb befindliche Wappen stark beschädigt oder zerstört worden sein, und der Restaurator war möglicherweise nicht sehr der Heraldik kundig. Vielleicht ist bei dieser Gelegenheit aus dem Stier ein Reh- oder Gazellenbock geworden.

Martin Stier ist der einzige Nicht-Adelige im Kreis der Stifter der Altäre in unserer Kirche, daher ist sein Wappen auch nicht mit einer Grafenkrone gekrönt.

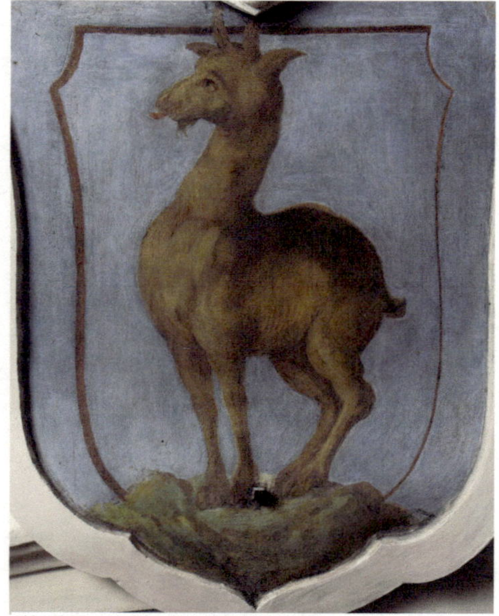

Abb. 62 Wappen Stier (Foto: Bundesdenkmalamt)

b)   Der hl. Philippus Benitius

Der Altar[40]

Der Seitenaltar links hinten ist dem hl. Philippus Benitius – dem wichtigsten Heiligen des Servitenordens – geweiht und wurde 1669–1670 errichtet.

Sein Stifter (Legat von insgesamt etwa 5.700 Gulden) ist der Ingenieur-Hauptmann Martin Stier (siehe Seite 49), ein Mitstreiter Ottavio Piccolominis (siehe Seite 55), verstorben 1669 und unter dem Altar begraben.

Der ursprüngliche Altar wurde vermutlich von Urban Illner entworfen und errichtet, allerdings 1683 in der zweiten Wiener Türkenbelagerung schwer beschädigt und 1692 mittels einer Stiftung von Dr. Liborius Gerdes neu hergestellt. Er unterscheidet sich daher im Altarauszug oberhalb des großen Altarbildes etwas von den anderen kleinen Seitenaltären.

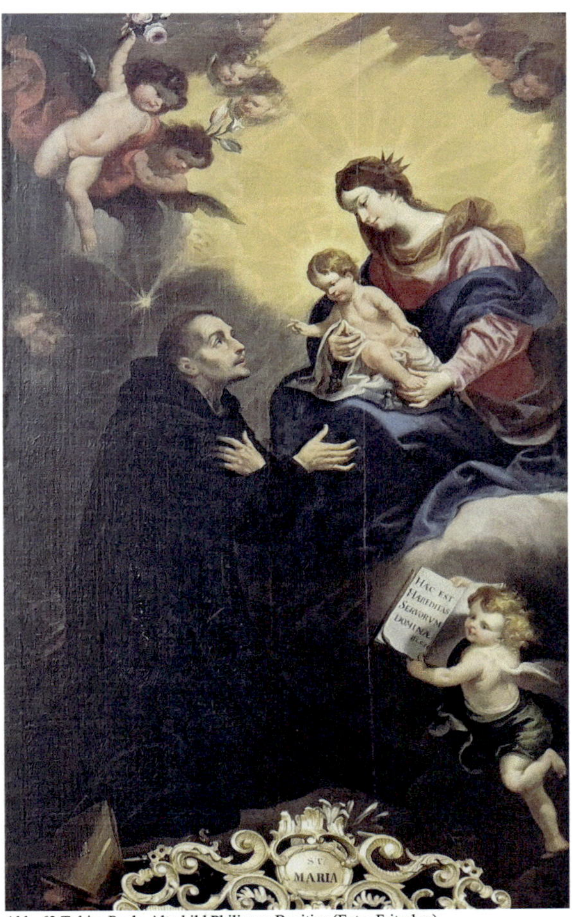

Abb. 63 Tobias Pock: Altarbild Philippus Benitius (Foto: Fritscher)

Das Altarbild (signiert Tobias Pock 1670, er hat auch das Altarbild von St. Stephan gemalt[41]) stellt den Heiligen bei einer Vision Mariens mit dem Kind dar (Abb. 63).

Wer war Philippus Benitius?

Philippus Benitius wurde 1233 geboren – im selben Jahr, in dem die Sieben Heiligen Väter den Servitenorden gründeten. Er studierte Philosophie und Medizin

---

40   Aus Pfarrbrief 116/2018.
41   Auch das Antonius-Altarbild (vgl. Seite 80 und Abb. 95) und Johannes-der-Täufer-Altarbild. (Red.)

und trat nach einer Vision der Muttergottes 1254 in den Orden ein, wurde 1258 zum Priester geweiht und 1265 zum Generalprovinzial gewählt. Er war ein begnadeter Prediger und ein gewandter Redner und vom Papst mehrfach als Vermittler im guelfisch-ghibellinischen Konflikt eingesetzt. Dabei ereignete sich auch in Forlì die Auseinandersetzung mit Peregrin Laziosi, die zu dessen Bekehrung führte. [42]

Während der Sedisvakanz 1268–1271 wurde Philippus Benitius vom Konklave um Vermittlung gebeten und unerwartet dabei selbst zum Papst vorgeschlagen. Er nahm die Wahl aber nicht an und flüchtete. Daher wird er oft mit einer Mitra zu seinen Füßen dargestellt, so auch auf dem Altarbild. [43]

Durch seine Neufassung der Ordenskonstitutionen hat Philippus Benitius die Basis für die päpstliche Bestätigung des Servitenordens geschaffen. Er hat viele Ordensniederlassungen in Italien, Frankreich und Deutschland gegründet und sogar Kaiser Rudolf I. mit dem Skapulier in den „Dritten Orden" der Serviten aufgenommen.

Im Jahr 1285 starb er in Todi und wurde 1671 heiliggesprochen.

Gewölbefresken und Statuen

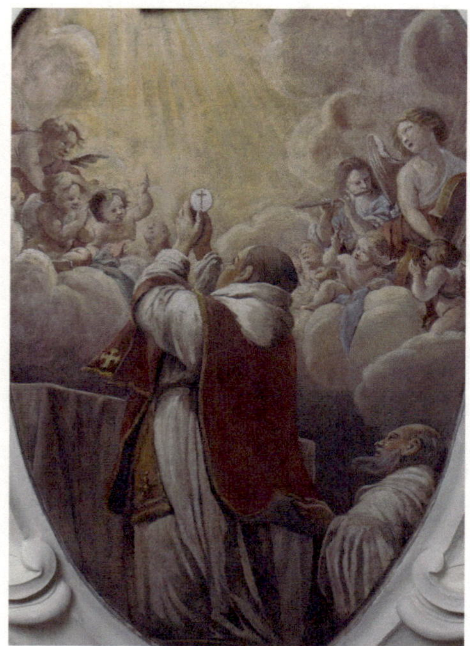

Abb. 64 Fresko von Carpoforo Tencalla: Philippus Benitius (Foto: Bundesdenkmalamt)

Die Gewölbefresken zeigen das erste Messopfer des hl. Philippus mit musizierenden Engeln (Abb. 64), weitere musizierende Engel, die Berufung des Heiligen durch die Erscheinung Mariens in einem von Lamm und Löwe gezogenen Wagen und den Tod des hl. Philippus.

Die Fresken werden Carpoforo Tencalla zugeschrieben, einem der bekanntesten Freskenmaler des Frühbarocks.

Statuen des hl. Philippus Benitius stehen z. B. auf der Karlsbrücke in Prag und auf den Kolonnaden am Petersplatz in Rom.

Auch im Klostergang ist eine Reihe von ovalen Bildern mit Szenen aus dem Leben des Heiligen zu sehen.

---

[42]   Dazu siehe Seite 93.

[43]   Im linken unteren Eck des Altarbildes, nur schwer sichtbar. (Red.)

c)   Der hl. Franziskus von Assisi und seine Stigmata

Giovanni Bernardone[44]

Pietro Bernardone, ein reicher Tuchhändler in Assisi, nannte seinen 1181 geborenen Sohn Giovanni liebevoll „Francesco", den kleinen Franzosen. Als Jüngling führte Francesco ein fröhliches, sorgloses Leben im Kreise seiner Freunde, er genoss den Reichtum seines Vaters und gab das Geld mit vollen Händen aus.

Ein Erlebnis mit einem Aussätzigen machte aber einen so nachhaltigen Eindruck auf ihn, dass er sein Leben völlig änderte. Er wollte sich nur mehr um Kranke, Arme und Ausgestoßene kümmern, in Armut und Besitzlosigkeit leben. Nach einem Streit mit seinem Vater zog er sich als Eremit in die Einöde zurück, nach San Damiano bei Assisi, wo er nach einer Traumvision die Portiunkula-Kapelle erbaute und fortan das Evangelium verkündete. Viele lachten ihn aus, aber anderen imponierten seine Konsequenz und sein Mut. Bald scharten sich Gefährten um ihn, Franziskus musste eine Ordensregel verfassen, die 1210 von Papst Innozenz III. gebilligt wurde. Franziskus verstand sich als Büßer und Prediger mit radikalem Bekenntnis zu Armut und Besitzlosigkeit, und das verlangte er auch von seinen Mitbrüdern. Der Orden wuchs rasant, 1219 kamen schon 5000 Brüder zu einer jährlichen „Kapitelversammlung". Nach einer notwendigen Strukturierung gab Franziskus 1224 die Ordensleitung ab und zog sich auf den Berg La Verna bei Assisi zur Läuterung und Buße zurück. Nach 40-tägigem Fasten hatte er eine Vision, bei der er an Händen und Füßen und an der Seite mit den Wundmalen Christi stigmatisiert wurde. Am Ende seines Lebens war Franziskus fast erblindet und wegen seines Fastens magenkrank und stark geschwächt. Er starb am 3. Oktober 1226.

Der hl. Franziskus von Assisi ist für viele der größte Heilige der Kirchengeschichte, konsequent und authentisch in der Nachfolge Christi wie kein anderer. Er wurde schon 1228 heiliggesprochen, sein Gedenktag ist der 4. Oktober. Er verfasste viele Gebetstexte und Meditationen wie den „Sonnengesang" oder den „Lobpreis Gottes".

---

[44]   Aus Pfarrbrief 113/2027.

Eine der ältesten Freskodarstellungen (Cimabue, 1280) des stigmatisierten Heiligen befindet sich in der Unterkirche der Basilika San Francesco in Assisi (Abb. 66). In unserer Kirche steht er am Seitenaltar links hinten, leicht erkennbar an den stigmatisierten Händen (Abb. 65).

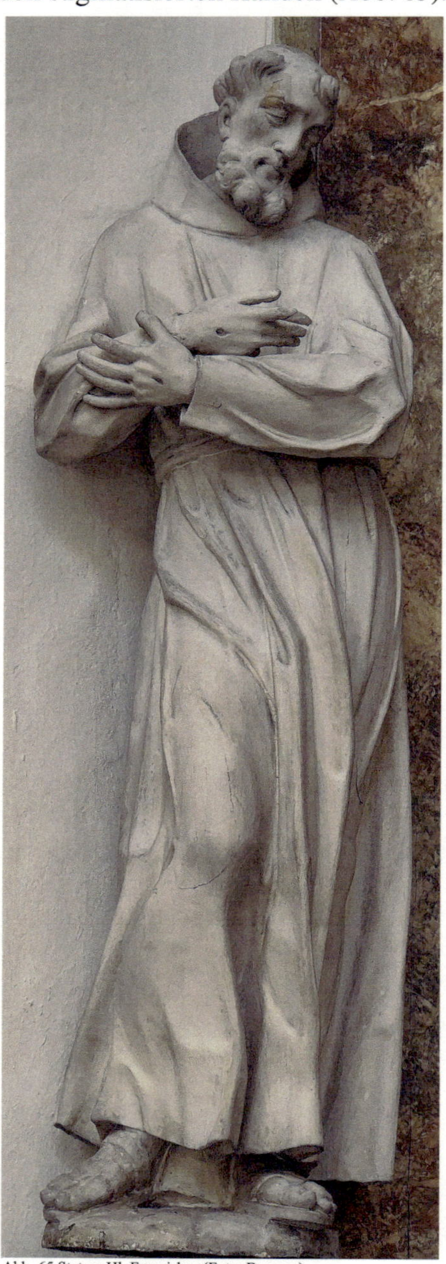

Abb. 65 Statue: Hl. Franziskus (Foto: Brugger)

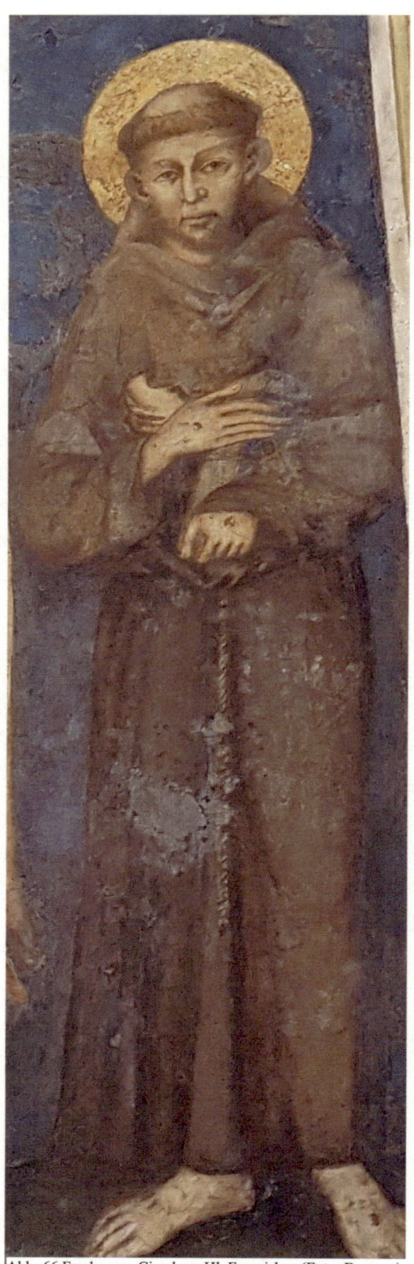

Abb. 66 Fresko von Cimabue: Hl. Franziskus (Foto: Brugger)

2. Schmerzensaltar

a) Das Wappen des Stifters

Fürst Ottavio Piccolomini-Pieri d'Aragon[45] (1599–1656) wurde in Florenz in eine hochadelige Familie geboren und erhielt eine hervorragende Erziehung sowie eine militärische Ausbildung. Er machte im 30-jährigen Krieg – den er von An-

fang an mitmachte und entscheidend beeinflusste – großartige Karriere bis zum Feldherrn und kaiserlichen Generalleutnant. Piccolomini trat 1618 in die kaiserliche Armee ein und kämpfte schon 1620 am Weißen Berg.[46] 1627 avancierte er zum Kommandanten der Leibgarde von General Wallenstein. In der Auseinandersetzung zwischen Kaiser Ferdinand II. und Wallenstein (1634) stand Piccolomini aber auf der Seite des Kaisers und erhielt für seine Loyalität den Orden vom Gol-

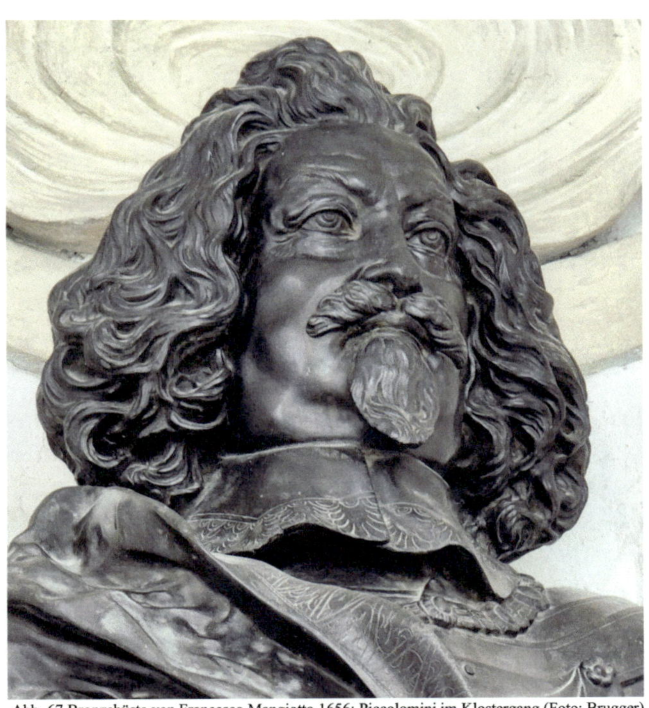

Abb. 67 Bronzebüste von Francesco Mangiotto 1656: Piccolomini im Klostergang (Foto: Brugger)

denen Vlies und die Herrschaft Nachod. Von seinen vielen Erfolgen sei der Sieg in der Schlacht bei Diedenhofen (1644) erwähnt, für den er vom spanischen König mit dem Herzogtum Amalfi belehnt wurde. Nach dem Friedensschluss (Westfälischer Friede 1648) nahm Piccolomini am Nürnberger Exekutionstag (1649/50) zwecks Demobilisierung der Söldnerheere teil und wurde für seine Verdienste in den Reichsfürstenstand erhoben.

Das alles ist in seinem Wappen oberhalb des Schmerzensaltares in unserer Kirche dokumentiert (Abb. 68). Das Wappen ist geteilt und gespalten und hat also vier Felder:

---

[45]   Aus Pfarrbrief 121/2019.

[46]   Bitva na Bílé hoře bei Prag (Red.).

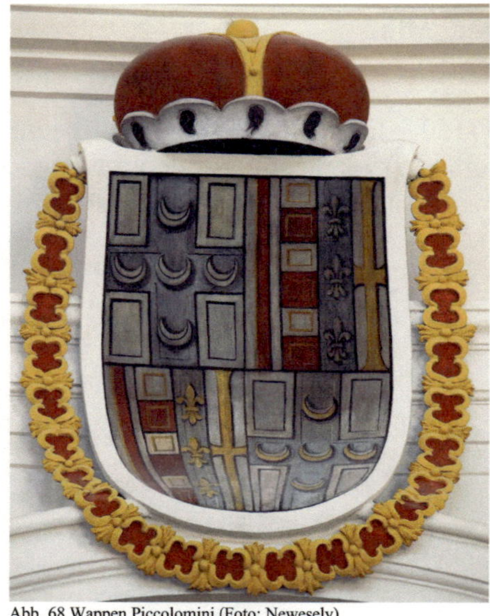

Abb. 68 Wappen Piccolomini (Foto: Newesely)

Feld 1 und 4: auf silbernem Grund ein blaues Kreuz, belegt mit fünf liegenden goldenen Mondsicheln (Stammwappen der Familie Piccolomini)

Die Felder 2 und 3 sind jeweils in vier Felder gespalten:

1. auf goldenem Grund vier rote Pfähle (Krone Aragon)

2. von oben abwechselnd vier rote und silberne Balken (Königreich Altungarn)

3. 18 goldene Lilien mit rotem Turnierkragen (Herzogtum Amalfi-Neapel)

4. auf silbernem Grund ein goldenes Kruckenkreuz, bewinkelt mit vier kleinen goldenen Kreuzen (Königreich Jerusalem).

Das Wappen ist umrahmt mit der Collane des Ordens vom Goldenen Vlies und gekrönt mit dem Fürstenhut. Einige Details und Einzelheiten sind im Wappen in unserer Kirche wegen Platzmangels und zur Vereinfachung nicht ausgeführt, das Vlies[47] an der Ordenskette ist offensichtlich verlorengegangen, ebenso das Kreuz oben am Fürstenhut.

Eine Büste von Ottavio Piccolomini ist im Klostergang oberhalb des Einganges zum Pfarrsaal zu sehen (Abb. 67).

Piccolomini war einer der größten Spender für die Servitenkirche. Er schenkte den Serviten im Jahre 1651 sein in Böhmen gelegenes Gut Kotez und überdies noch an die 30.000 Gulden in bar. Diesem Vorbild folgten (nach Hofbauer 1866) bald sein Freund und Waffengefährte Erzherzog Leopold Wilhelm (geb. 1614), Bruder des Kaisers Ferdinand III., die Fürstin Dorothea von Liechtenstein, verwitwete Gräfin Galesi, der Geheimrath Dr. Elias Schiller (verst. 15. Oktober 1655), welcher das Kloster zum Erben seines gesamten Vermögens ernannte, sowie Hanns Thury, von welchem das Dorf Siechenals den Namen Thuryvorstadt erhielt. Der Grundstein der Servitenkirche wurde am 11. November 1651, dem Geburtstag Piccolominis, durch Bischof Philipp Friedrich Graf von Breuner gelegt. (Red.)

---

[47]   Mit Vlies gemeint ist ein hängend dargestelltes, vergoldetes Fell eines Schafes. (Red.)

b) Textil-Kastenbild links

Kinderarzt oder Schwarzes Skapulier[48]

Kaiser Leopold I. hatte 1640 als Baby eine lebensbedrohliche Kinderkrankheit, und die verfügbaren Arzneien brachten keine Linderung. Da die Ärzte keinen Rat mehr wussten, holte die Obersthofmeisterin der Kaiserkinder, die Gräfin Susanna Veronika von Trautson geb. Meggau, die Serviten zu Hilfe und bat sie, dem kleinen Leopold das schwarze Skapulier[49] der Sieben Schmerzen Mariens aufzulegen, von dem schon Wunderdinge erzählt wurden.

Und tatsächlich, „kaum hatte P. Cherubin mit dem Skapulier den kleinen Körper des Kindes berührt, begannen die dunklen Wolken von der kranken Stirn zu verschwinden und ein Lächeln erheiterte das zarte Antlitz" und Leopold wurde geheilt.

So beschreibt es P. Augustin Romer in seiner Geschichte des Servitenordens „Servitus Mariana Auspiciis Austriacis" (1667).[50]

Dort ist auf Seite 319 diese Szene auch in einem Bild zu sehen (Abb. 69).

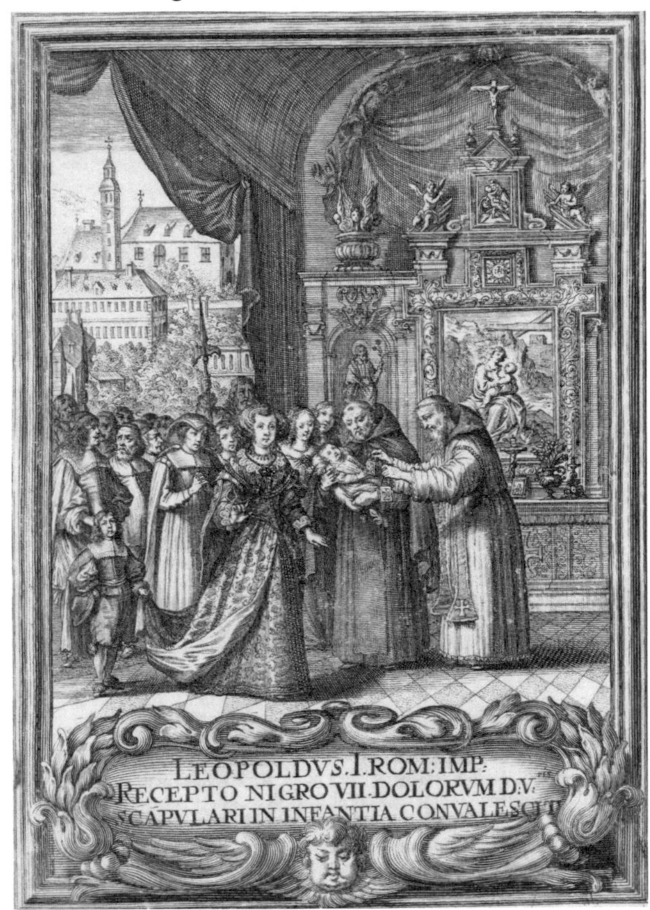

Abb. 69 Romer: Servitus Mariana Seite 319, Heilungswunder (Public Domain)

---

48 Aus Pfarrbrief 85/2010.

49 Ursprünglich Teil der Mönchskleidung; später Devotionszeichen und wird zu den Sakramentalien gezählt (Red.).

50 Viktor Böhm hat freundlicherweise für den Autor das entsprechende Kapitel von Romer, Servitus Mariana, aus dem Lateinischen übersetzt.

Auch in unserer Kirche ist eine Darstellung dieser Szene in einem Textil-Kastenbild[51] am Schmerzensaltar (links vom Tabernakel) zu sehen (Abb. 70).

In der Mitte hält P. Basilius den kleinen Erzherzog (trägt als Würdezeichen den Erzherzogshut), links davon P. Cherubin mit dem Skapulier, rechts die Mutter Leopolds, Maria Anna, spanische Infantin und Gattin des Kaisers Ferdinand III. Vorne im Bild tragen Pagen als kaiserliches Rangzeichen Krone und Szepter auf einem Samtkissen.

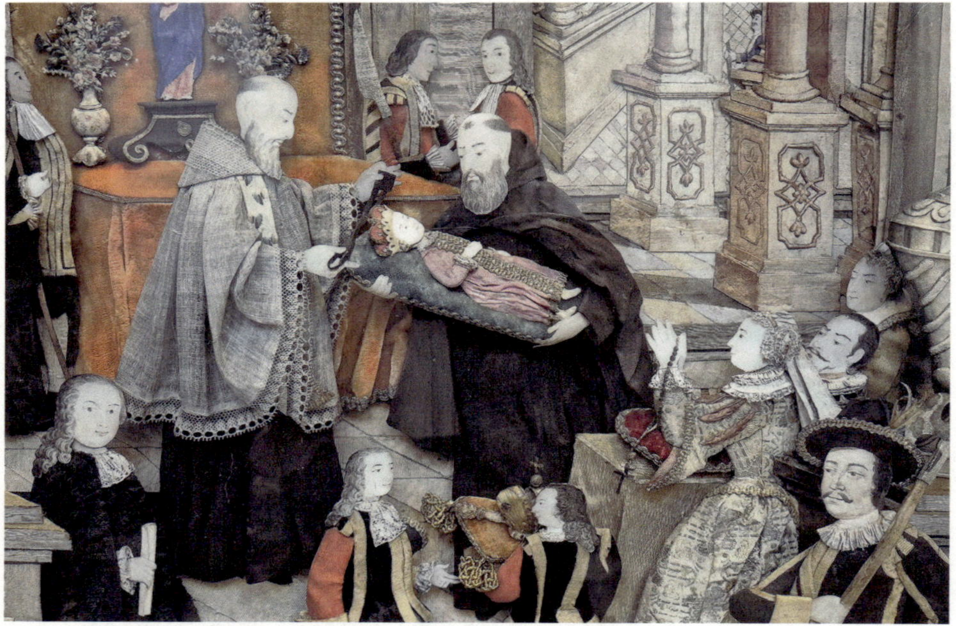

Abb. 70 Textil-Kastenbild von Frater Michael M. Grabmiller: Heilungswunder (Foto: Brugger)

Kaiser Leopold I. hat übrigens viele Jahre später (1668) diese Heilung in einem Brief an Papst Clemens IX. bestätigt und geschrieben, dass er die Kraft dieses heiligen Kleides als Kind auf wunderbare Weise erfahren habe.

---

[51]   Diese Kastenbilder werden auch Kulissenbilder oder Spickelbilder genannt. Laut Restaurierbericht Macho-Biegler (2024) ist auf der Rückseite das Fertigungsjahr mit 1760 angegeben. (Red.)

c)   Christi Geburt in einem Stall

Weihnachtsfresko[52]

Über die näheren Umstände der Geburt Christi steht im Evangelium bei Lukas (2,1–8) nur: „... und sie gebar ihren Sohn, ihren Erstgeborenen, wickelte ihn in Windeln und legte ihn in eine Krippe, weil für sie kein Platz in der Herberge war".

In den Apokryphen, im sog. Protoevangelium des Jakobus (2. Jh.) erfahren wir mehr: Nachdem sie vor Bethlehem angekommen waren, hatte Maria die ersten Wehen. Josef half ihr vom Esel herunter und ließ sie in einer nahegelegenen Stallhöhle zurück, um eine Hebamme zu holen. Als sie zurückkamen, fanden sie Maria mit dem schon geborenen Kind, und die Hebamme half Maria und dem Kind.

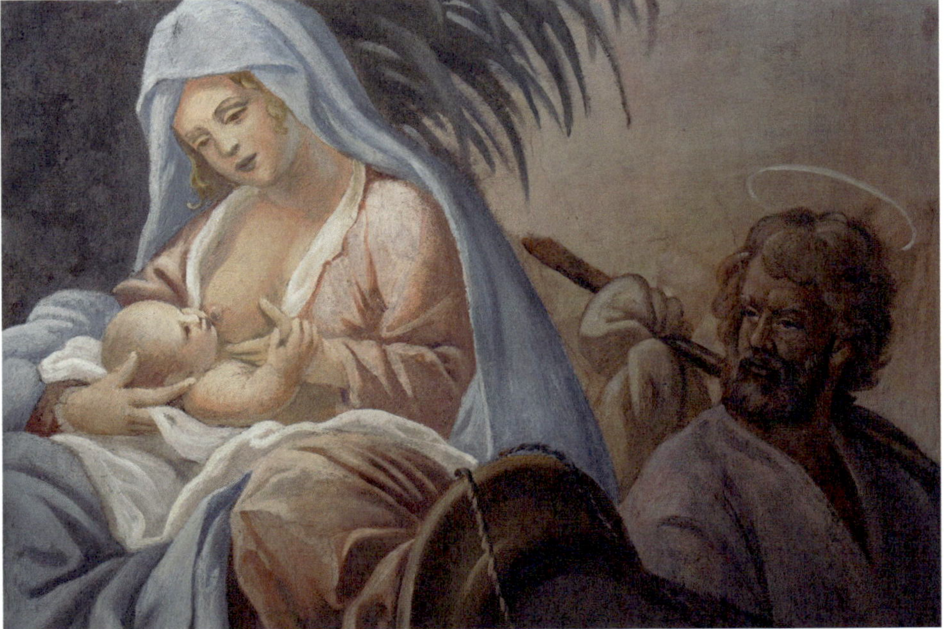

Abb. 71 Fresko von Carpoforo Tencalla: Maria Lactans (Foto: Bundesdenkmalamt)

Dass die hochschwangere Maria in Bethlehem von ihren Verwandten (wie wir im Protoevangelium hören) nicht aufgenommen wurde, hat mit den jüdischen Reinheitsgeboten zu tun, wonach eine Mutter nach der Geburt eines Sohnes 40 Tage lang unrein war und alles, was sie berührte, unrein wurde. Sie musste aber die Reise nach Bethlehem antreten, weil sie als „Erbtochter" von ihrem inzwischen verstorbenen, reichen Vater Joachim mit hoher Wahrscheinlichkeit

---

[52]   Aus Pfarrbrief 94/2012.

einigen Grundbesitz in Bethlehem geerbt hatte. Höchstwahrscheinlich war also sie, und nicht nur Josef, in Bethlehem zensuspflichtig (die bei Lukas erwähnte Volkszählung war in Wirklichkeit eine Steuererhebung). Auf Reisen waren damals Übernachtungen in Höhlen nicht unüblich, Höhlen gibt es noch heute genug in Israel. Die Beschreibung: „… wickelte ihn in Windeln und legte ihn in eine Krippe", lässt darauf schließen, dass sie durchaus auf eine solche Situation vorbereitet war. Wie jede Mutter ernährte sie den Säugling Jesus mit ihrer Muttermilch. Diese Szene ist in unserer Kirche in einem Fresko von Carpoforo Tencalla (1623–1685) im Gewölbe des Schmerzensaltares dargestellt (Abb. 71).

Eine Krippenszene ist auch im Kirchengewölbe in einem Fresko in der Kartusche oberhalb des Sebastian-Altares dargestellt (Abb. 72), gemalt von den Gebrüdern Grabenberger, die übrigens den Hauptteil der Freskoausstattung in der Servitenkirche geschaffen haben.

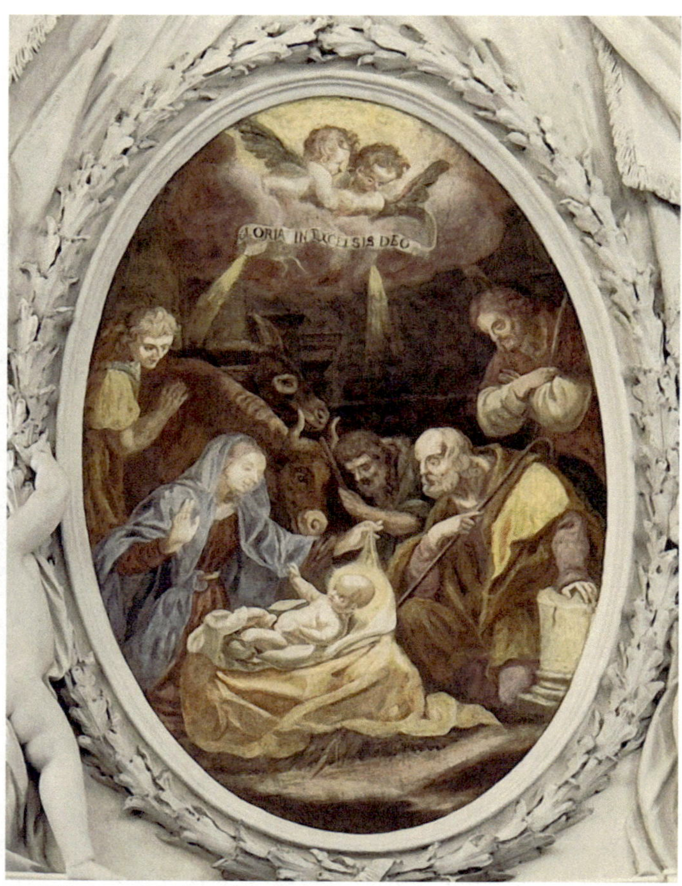

Abb. 72 Fresko von Grabenberger: Krippenszene (Foto: Brugger)

d) Die Heilige Familie und ihre Flucht nach Ägypten

Die drei Weisen aus dem Morgenland[53] jagten Herodes einen ordentlichen Schrecken ein: Ein König sollte geboren sein! Für Herodes ein Konkurrent!

Herodes handelte sofort, er musste ihn beseitigen.

Die drei Weisen sollten den neugeborenen König in Bethlehem suchen und Herodes Bescheid geben. Diese fanden tatsächlich das Kind, huldigten ihm und informierten Josef über die Pläne von Herodes.

Josef erkannte die Gefahr, die dem Kind drohte. Um Zeit zu gewinnen, bat er die Weisen, nicht zu Herodes zurückzukehren. Er entschied sich sofort für die Flucht (bei Mt 2,13–15 gaben „Engel im Traum" diese Anweisungen).

Und recht hatte er, denn Herodes handelte ebenfalls sofort: Nachdem die drei Weisen nicht zurückkamen, ließ er in Bethlehem und Umgebung alle Knaben unter zwei Jahren ermorden (Mt 2,16–18). Ein entsetzlicher Befehl, er kam aber zu spät, da Josef rechtzeitig Bethlehem in Richtung Ägypten verlassen hatte.

Eine grausame Parallele zur Flüchtlingsdramatik von heute, wo Eltern um ihr eigenes Leben und das Leben ihrer Kinder fürchten und flüchten.

Die Flucht nach Ägypten ist der vierte der sieben Schmerzen Mariens und ist in unserer Pfarrkirche mehrfach dargestellt:

- In den Kuppelfresken über dem Schmerzensaltar: Rast auf der Flucht, Maria stillt den kleinen Jesus (zugeschrieben Carpoforo Tencalla, 1623–1685), oben Abb. 71.

- In einem vergoldeten Relief am Säulenfuß des Schmerzensaltares rechts unten beim Eingang zum Beicht- und Aussprachezimmer (dem Bildhauer Michael Graßmiller zugeschrieben), Abb. 73.

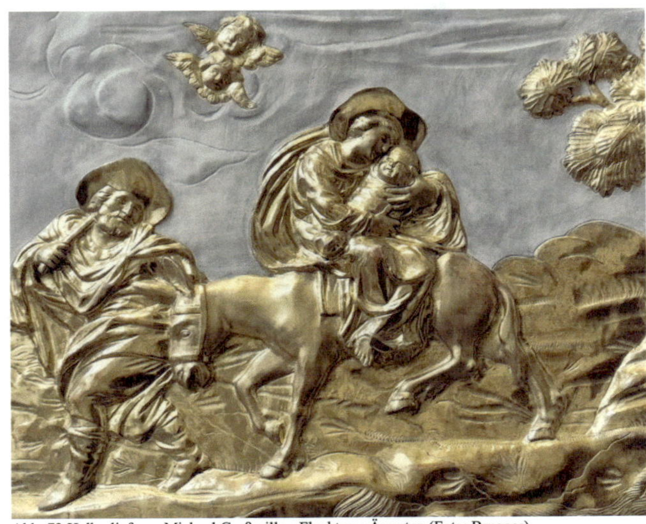

Abb. 73 Halbrelief von Michael Graßmiller: Flucht aus Ägypten (Foto: Brugger)

---

[53] Aus Pfarrbrief 106/2015.

• Im Freskenzyklus über die Kindheit Jesu in der Kirchenkuppel, im fünften von acht Medaillons: Rückkehr aus Ägypten nach dem Tod von Herodes, etwa vier Jahre nach der Flucht, Jesus wird von Maria an der Hand geführt (den Gebrüdern Grabenberger zugeschrieben, Abb. 74).

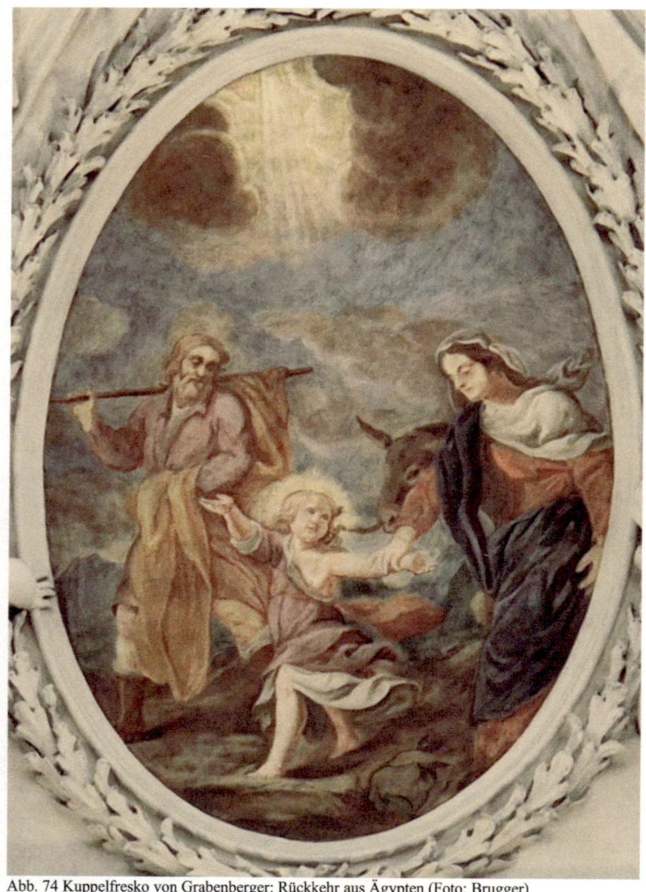

Abb. 74 Kuppelfresko von Grabenberger: Rückkehr aus Ägypten (Foto: Brugger)

e)   Verloren oder im Tempel zu Hause?

Der zwölfjährige Jesus[54]

Wenn ein Kind verlorengeht, ist das sicher eines der dramatischsten Erlebnisse für Eltern. Genau das ist Maria und Josef nach dem Pessachfest auf dem Rückweg von Jerusalem nach Nazareth passiert. Lukas (Lk 2,41–52) beschreibt das geradezu spannend.

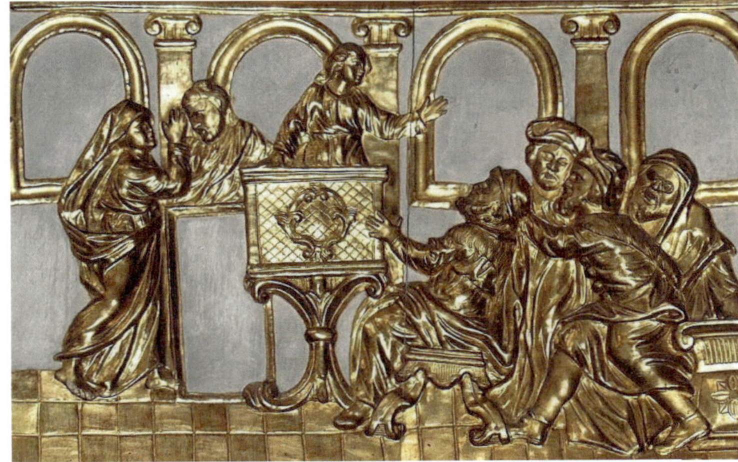
Abb. 75 Halbrelief am Säulenfuß: Jesus im Tempel (Foto: Newesely)

Am Abend nach der ersten von fünf Tagesetappen bemerken sie, dass Jesus nicht mehr bei der Reisegruppe ist, und suchen ihn vergeblich. Also aächsten Tag zurück nach Jerusalem, am übernächsten Tag die angstvolle Suche in der überfüllten Stadt. und endlich finden sie ihn wohlbehalten und gesund im Tempel im Gespräch mit den Schriftgelehrten. Klar, dass Maria ihrem Sohn Vorwürfe macht, aber postwendend kommt die trotzige Antwort, dass ihn das hier alles viel mehr interessiere als die Zimmerei zu Hause, und dass seine Mutter das eigentlich wissen müsste.

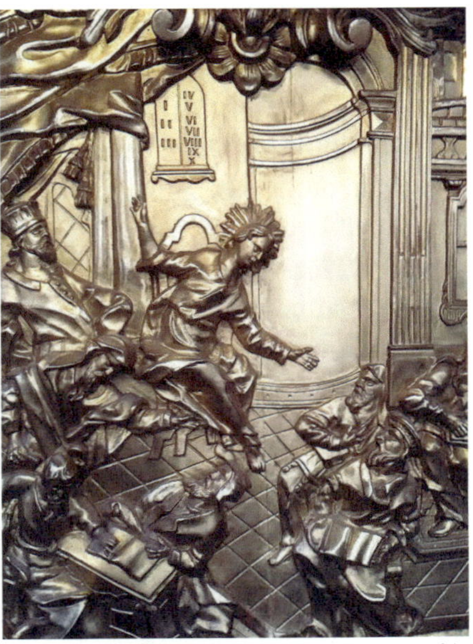
Abb. 76 Kanzeltür-Halbrelief: Jesus im Tempel (Foto: Newesely)

---

54   Aus Pfarrbrief 118/2019.

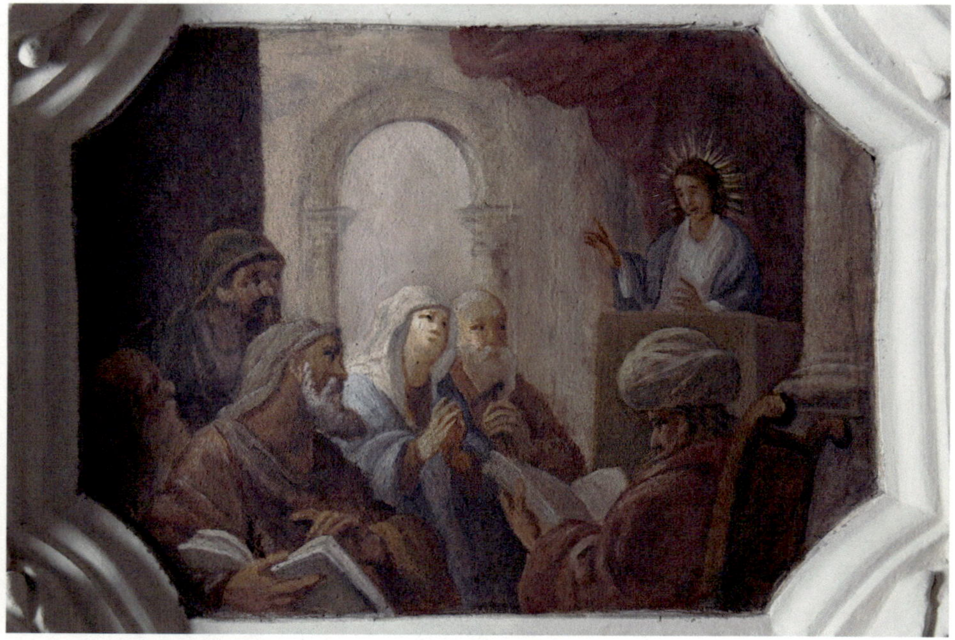

Abb. 77 Fresko von Carpoforo Tencalla: Jesus im Tempel (Foto: Bundesdenkmalamt)

Dieser Vorfall wird bildlich in katholischer Tradition meistens so dargestellt, dass der schon als Gottessohn erkennbare Jesus von einer erhöhten Position aus die Schriftgelehrten belehrt.

So auch in unserer Pfarrkirche: als vergoldetes Holzrelief am linken Säulenfuß beim Schmerzensaltar (Abb. 75).[55]

Auch an der Kanzel gibt es solche Darstellungen (Abb. 76) und auch ein Fresko an der linken Seitenwand der Schmerzensaltarnische (Abb. 77).

Bei Lukas steht aber eigentlich: „Sie fanden ihn mitten unter den Lehrern, wie er ihnen zuhörte und fragte...“

So hat es im Jahre 1879 der jüdische Maler Max Liebermann in München in einem Gemälde dargestellt (Abb. 78) und einen Skandal ausgelöst: Er hat Jesus als halbwüchsigen Buben barfuß mit ungeordneter Frisur und schlampiger Kleidung sehr realistisch dargestellt, was im katholischen Bayern einen Sturm der Entrüstung hervorrief, heute würde man sagen: einen „Shitstorm“. Liebermann hat danach das Bild übermalt („korrigiert“) und Jesus die Haare gekämmt, Sandalen angezogen und ein ordentliches Hemd gemalt.

---

[55]   Normalerweise nicht sichtbar, weil davor eines der Kastenbilder steht. (Red.)

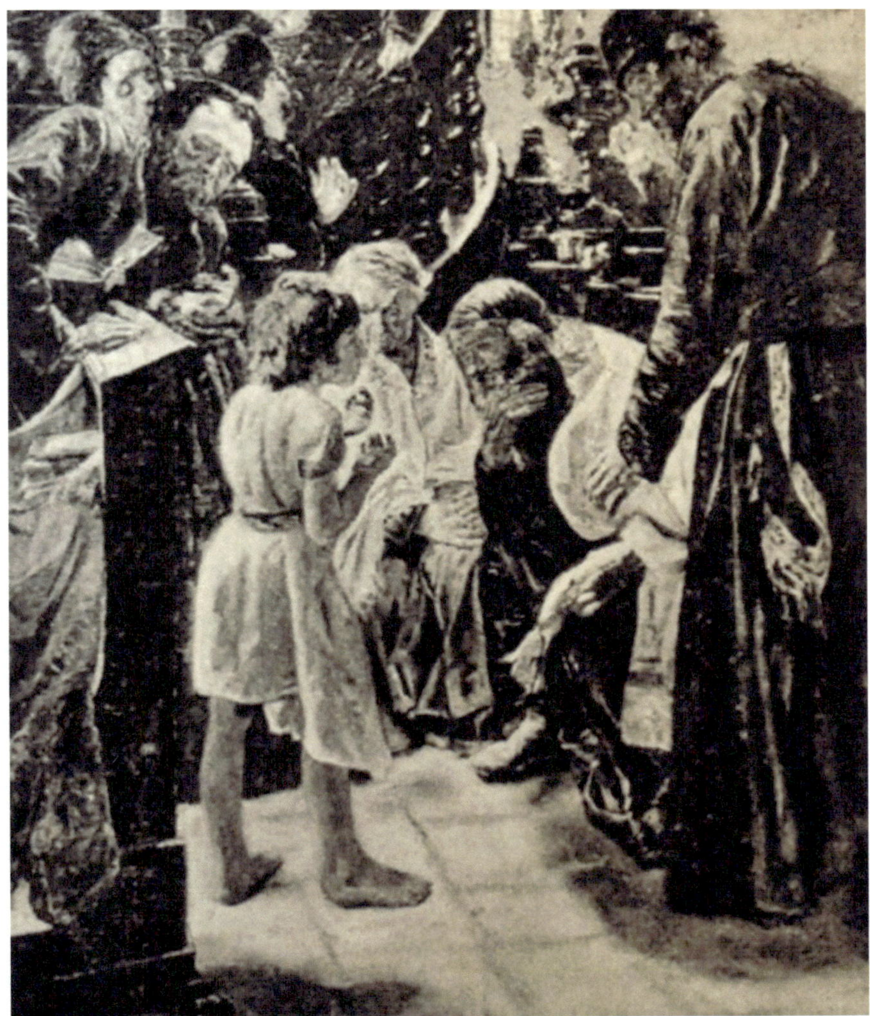

Abb. 78 Liebermann: Der zwölfjährige Jesus im Tempel (Foto vom Original-Ölgemälde; Public Domain)

Das dazu gehörige Evangelium Lk 2,41–52 wird im Lesejahr C am Fest der Hl. Familie im Weihnachtskreis gelesen.[56]

---

[56] Außerdem am 19. März (Fest des hl. Josef) und am Fest des Unbefleckten Herzens Mariä (Samstag nach Herz-Jesu-Fest). (Red.)

f)   Die hl. Veronika

Aus der Servitenkirche verschwunden?[57]

In der Kreuzwegandacht während der Fastenzeit und der Karwoche gedenken wir bei der 6. Station der hl. Veronika, die dem leidenden Jesus auf seinem Weg nach Golgotha das Schweißtuch reichte, um seine Qualen zu lindern. Sie erhielt mit diesem Tuch ein Abbild seines Gesichtes zurück, und dieses Tuch sollte später eine der wichtigsten Leidensreliquien der Christenheit werden. In den Evangelien wird aber eine Veronika und auch die genannte Szene des Kreuzweges gar nicht erwähnt. Erst später, in den apokryphen Acta Pilati (dem sogenannten „Nikodemus-Evangelium"), wird die bei Mk 5,25 und Mt 9,20 erwähnte „blutflüssige Frau" mit Berenike bezeichnet. Dieser Name wurde in der Übersetzung mit „vera" (lat., wahr) und „ikon" (griechisch, Bild) zu Veronika zusammengesetzt. In der „Legenda aurea" (ca. 1264) des Jacobus de Voragine gibt es eine ähnliche Veronika-Erzählung. Ab dem Mittelalter wird diese Veronika in den Kreuzweg als 6. Station eingefügt und in vielen Kirchen und Kalvarienbergen dargestellt. Auch in unserer Kirche gab es einen solchen Kreuzweg, der sich aber nicht erhalten hat.

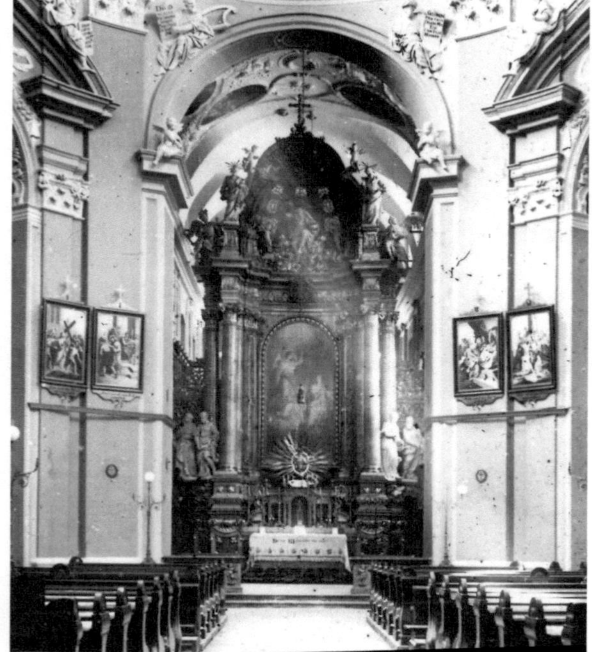

In der Zwischenkriegszeit wurden andere Kreuzwegbilder aus dem späten 19. Jh. aufgehängt (Abb. 79), die aber im Zuge der Kirchenrenovierung 1965–1969 als nicht stilgerecht empfunden wurden und daher wurden sie nach der Renovierung nicht mehr angebracht.

Abb. 79 Innenansicht mit Kreuzweg vor 1964 (Foto: Bundesdenkmalamt)

---

[57]   Aus Pfarrbrief 91/2012.

Die hl. Veronika ist aber deswegen nicht aus der Servitenkirche verschwunden: In einem Fresko im Gewölbe oberhalb des Schmerzensaltares ist sie zu sehen (Abb. 80), gemalt von Carpoforo Tencalla (1669), einem der bekanntesten Freskenmaler des Frühbarocks.

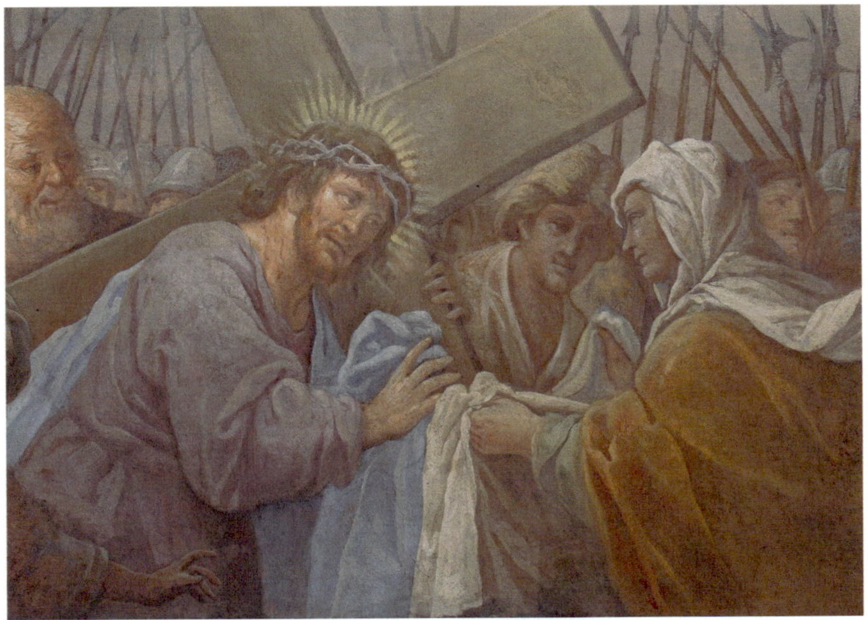

Abb. 80 Fresko von Carpoforo Tencalla: Jesus und Veronika (Foto: Bundesdenkmalamt)

3.   Sebastian-Altar

a)   Das Wappen des Stifters

Graf Wolfgang Friedrich Cob (Kopp) von Nüdingen[58]

Die Familie Cob (auch Kopp, in Ungarn Kobb) lebte im deutschluxemburgisch-lothringischen Grenzraum in der Eifel.

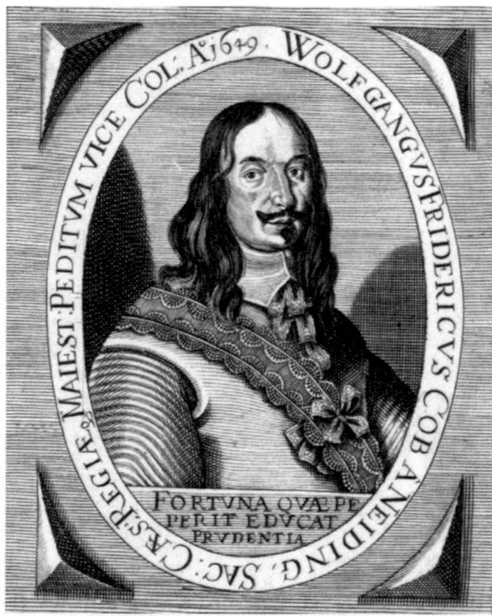

Abb. 81 Wolfgang Friedrich Cob (Stich: Public Domain)

Wolfgang Friedrich (1614–1679, Abb. 81) war wie seine Vorfahren in der Armee tätig und machte im 30-jährigen Krieg Karriere. 1644 noch Obrist-Wachtmeister, 1645–1646 kaiserlicher Obrist-Leutnant im Dienst von General Gallas, 1648 Obrist, wurde er 1655 vom Kaiser zum Reichsfreiherrn ernannt.

Leopold I. versuchte, nach dem Westfälischen Frieden (1648) die Gegenreformation im überwiegend reformierten und lutherischen Ungarn voranzutreiben, und entsandte den kriegserprobten Offizier Cob mit dem entsprechenden Auftrag nach Oberungarn und Siebenbürgen. Cob ging mit brutaler Härte vor und ließ seine Soldaten ungestraft rauben und morden.

Nach der Magnatenverschwörung (1666–1671) verschärfte Leopold I. die Gangart, das „traurige Jahrzehnt" begann.

Wieder wurde Cob nach Ungarn beordert und agierte grausam, aber erfolgreich. Er wurde 1670 Generalfeldwachtmeister, 1672 Feldmarschall-Leutnant, 1676 Generalfeldzeugmeister. Für seine Leistungen wurde er 1673 in den Grafenstand erhoben und zum „Verweser der königlichen Macht in Ungarn" berufen.

Zur Abschreckung ließ er in Kaschau sechs Adelige am Stadtplatz foltern und durch Spießen hinrichten. Dafür wurde er der schreckliche Cob genannt und hat daher in Ungarn keinen guten Ruf.

Andererseits zeigte sich Cob großherzig und unterstützte verschiedene Kirchen mit großzügigen Stiftungen.

Er stiftete zum Beispiel in unserer Servitenkirche den Sebastian-Altar und ließ am Kuppelbogen darüber sein Wappen anbringen (Abb. 82).

---

[58]   Aus Pfarrbrief 122/2020.

Das Wappen ist in vier Felder mit einem Herzschild geteilt.

Feld 1 und 4: auf goldenem Grund jeweils zwei schwarze Krähen übereinander (Stammwappen Cob)

Feld 2 und 3 auf hellblauem Grund ein goldenes Kreuz (Trierer Kreuz), in den Kreuzwinkeln je eine goldene Muschel. Ein in der Eifel häufig anzutreffendes Wappenmotiv.

Herzschild: ein Reh- oder Gamskrickel auf blauem Grund, gekrönt, es verdeckt teilweise die inneren Felder von Feld 2 und 3, die daher zu rotem Grund ohne Muschel mutiert sind.

Das Wappen ist bekrönt mit der Grafenkrone.

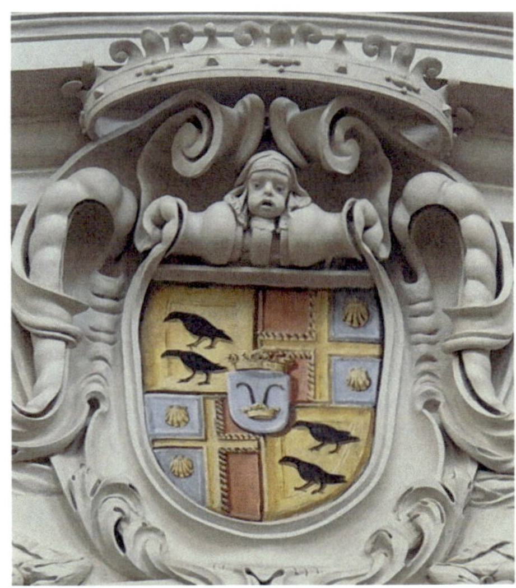

Abb. 82 Wappen Cob (Foto: Brugger)

b)   Die Pestaltäre in der Servitenkirche

„So ließ der Herr eine Pest über Israel wüten…" (2 Sam 24, 15–16)[59]

Im Mittelalter und bis in die frühe Neuzeit wurde Europa immer wieder von Pest-Epidemien heimgesucht. Noch nach den Gräueln des Dreißigjährigen Krieges musste die Wiener Bevölkerung weitere drei Epidemien 1655, 1679 und 1713 über sich ergehen lassen. Die Menschen – insbesondere die Ärzte – verstanden das Wesen dieser hochansteckenden Krankheit nicht und konnten sie auch nicht heilen.

Die Verhältnisse in der beengten, überfüllten Stadt müssen grässlich gewesen sein; die Epidemie 1679 hat etwa 20.000 Opfer gefordert, ein Fünftel der Wiener Bevölkerung. Auch neun Servitenmönche wurden bei der Pflege und geistlichen Betreuung der Kranken dahingerafft.

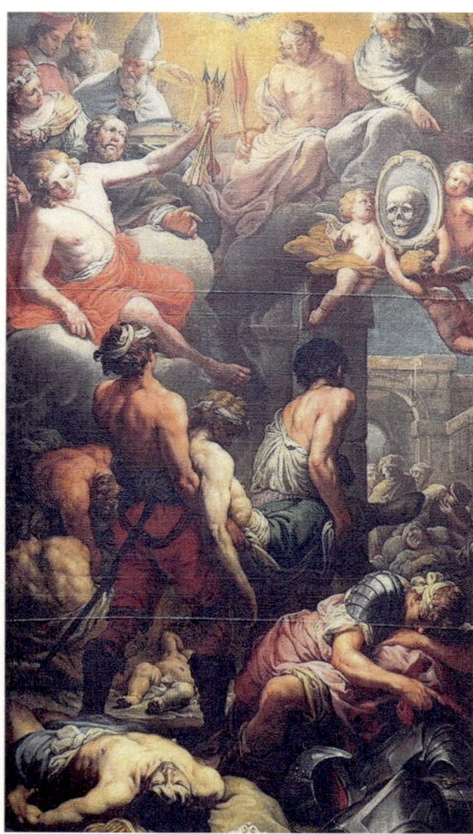

Abb. 83 Altarbild: Hl. Sebastian (Foto: Newesely)

Die Pest wurde als Strafe Gottes aufgefasst, Heilung konnten nur besondere Gottesfurcht, Buße, Gebete etc. bringen. Die Pestheiligen Sebastian, Rochus, Rosalia, Karl Borromäus und andere wurden um Hilfe angefleht, Pestkreuze und Pestaltare aufgestellt, Pestsäulen und sogar Kirchen errichtet (z. B. die Dreifaltigkeitssäule am Graben und die Karlskirche).

Auch in unserer Pfarrkirche haben wir zwei Pestaltare: die beiden vorderen Seitenaltäre.

Der linke Altar ist dem hl. Sebastian geweiht. Das Altarbild (Abb. 83, Christoph Grabenberger zugeschrieben) zeigt am Boden liegende Pestkranke, einer wird gerade von zwei Männern fortgetragen. Oben auf einer Wolke die Dreifaltigkeit, Christus mit Flammenschwert (Zeichen für die Gottesstrafe), Gott Vater deutet auf eine Kartusche mit Totenkopf.

Links oben flehen die Pestheiligen um Gnade: der hl. Sebastian mit Pfeilen in

---

der Hand, dahinter der hl. Antonius (der Eremit) mit Wanderstab, die hl. Rosalia mit einem Kranz weißer Rosen in den Haaren, der hl. Ulrich von Augsburg mit Buch und Fisch in der Hand, noch weiter hinten der hl. Karl Borromäus mit rotem Birett im Gespräch mit König David, der sich mit der Hand auf eine Lyra stützt (Abb. 84).

Die Fresken in der Kuppel der Altarnische zeigen Szenen aus dem Leben des hl. Sebastian.

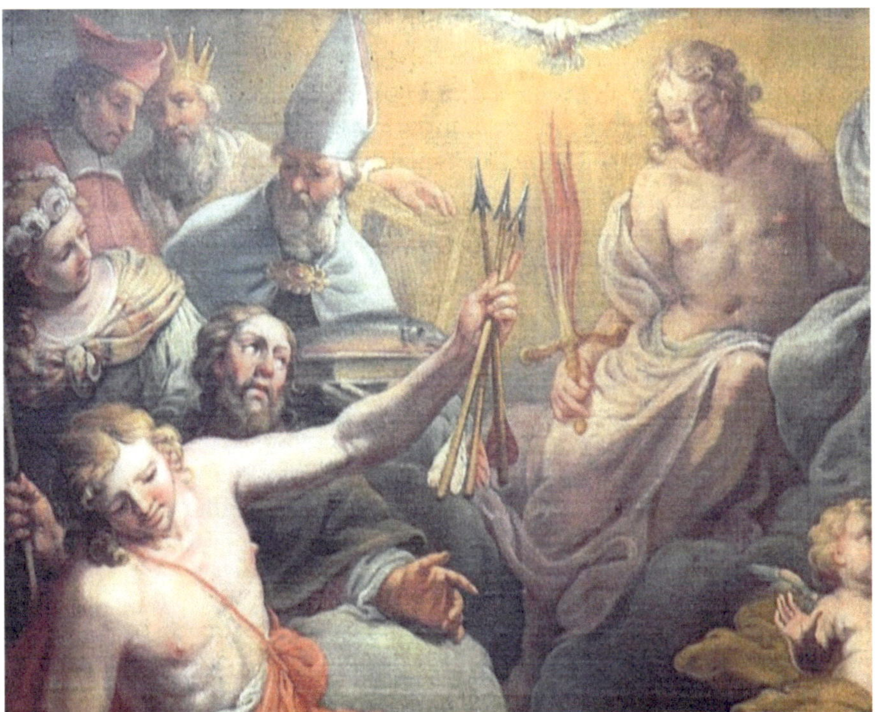

Abb. 84 Sebastian-Altarbild, Detail (Foto: Newesely)

c)   Unbefleckte Empfängnis Mariens

Immaculata-Darstellungen in der Servitenkirche[60]

„Immaculata" (lat. „die Unbefleckte") ist ein Marientitel in unserer katholischen Kirche. Es geht bei der unbefleckten Empfängnis nicht um Jesus, sondern um seine Mutter Maria, die ganz natürlich, aber ohne Erbsünde von ihrer Mutter Anna empfangen und geboren worden ist (ihr Vater war Joachim). Das Fest wird am 8. Dezember begangen, also neun Monate vor Maria Geburt am 8. September.

Das diesbezügliche Dogma im Jahr 1854 ist also von der „Jungfrauengeburt" zu unterscheiden. Es gab eine historische Kontroverse innerhalb der Kirche des Mittelalters, ob und wie Maria im Laufe ihres Lebens von der Erbsünde gereinigt wurde, um den Gottessohn „sündenlos" zur Welt zu bringen, oder ob sie – von Anfang, also von der Empfängnis an – frei von der Erbsünde war. Schließlich wurde dieser Disput durch das Dogma von Papst Pius IX. im Jahr 1854 geklärt.

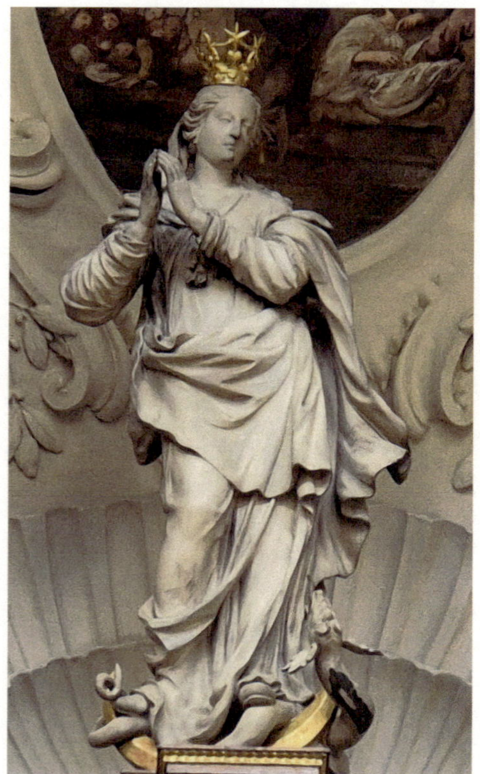

Abb. 85 Statue: Immaculata (Foto: Brugger)

Seit diesem Zeitpunkt wurden viele Immaculata-Statuen aufgestellt, auch vor unserer Kirche. Die Verehrung der Immaculata ist aber schon älter. Sie wird meistens dargestellt als junge Frau in einem weißen Kleid, manchmal mit dem blauen Königsmantel bzw. mit Krone, aber ohne das Jesuskind, oft auf einer Erdkugel stehend (als Siegerin über die Sünde der Welt). Ein Fuß tritt auf die Schlange, das biblische Symbol für die Sünde (gelegentlich auch ein Drache). Der Sternenkranz um ihr Haupt und die Mondsichel unter ihren Füßen sind apokalyptische Zeichen.

In unserer Kirche haben wir mehrere sehr schöne Darstellungen: eine Statue oben auf dem Altaraufsatz des Sebastian-Altares (Seitenaltar links vorne, Abb. 85) eine andere im Freskozyklus „Marienleben" im Gewölbe des Presbyteriums rechts

---

[60]   Aus Pfarrbrief 90/2011.

oberhalb des Volksaltares (Abb. 86). Dieses Fresko wurde 1669 gemalt. Man kann es leider nur bei spezieller Beleuchtung gut sehen. Es stammt vermutlich von einem Maler aus der Schule des lombardischen Meisters Giovanni Battista Colomba. Auch auf den Altaraufsätzen der anderen Seitenaltäre befinden sich interessante Immaculata-Statuen.

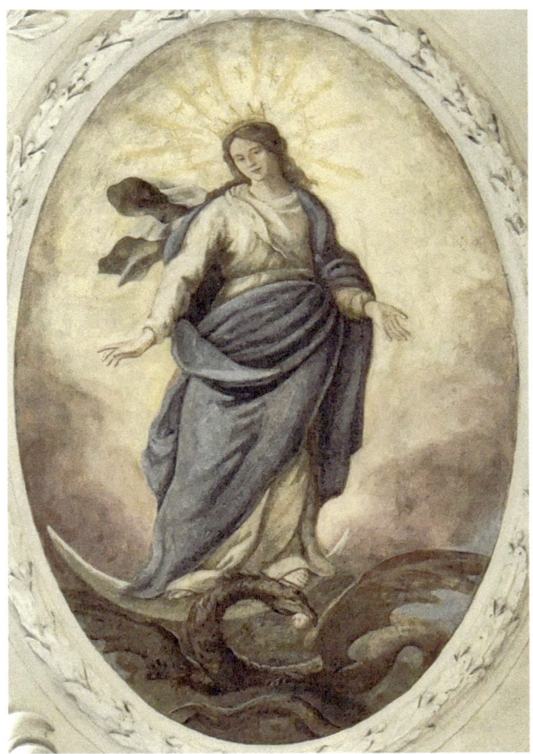

Abb. 86 Fresko: Immaculata (Foto: Brugger)

4.   Liborius-Altar

a)   Das Wappen des Stifters

Christoph Ignaz Abele von und zu Lilienberg (1627–1685)[61]

Mit Peter Aubeller kam die Familie im 15. Jh. aus dem Breisgau nach Tirol und wurde mit Christoph Abele nach den Bauernkriegen in Oberösterreich in Steyr ansässig. Sein Sohn Christoph Ignaz (geb. 1627, Abb. 87) studierte Jus in Graz und Wien und begann seine Beamtenkarriere am kaiserlichen Hof 1644. 1650 war er geheimer Hofconcipist, 1656 Mitglied der Hofkanzlei, seit 1666 Referendar für innerösterreichische Angelegenheiten. Schon früh wurde er in kaiserlichen Kommissionen eingesetzt und zu verschiedenen Landtagen entsandt. Nach dem Regensburger Reichstag 1653 (Wahl Ferdinand IV. zum deutschen König) erhielt Christoph Ignaz seine Adelsbestätigung und Wappenerhöhung. 1662 wurde er wirklicher Hofrat und geheimer Secretär, 1665 erhob ihn Kaiser Leopold in den alten Ritterstand mit dem Beinamen Edler von Hacking, 1669 kaufte er vom Stift St. Dorothea die Laaber Besitzungen, und Leopold 1. schenkte ihm den Laaber Tiergarten dazu. 1671 wurde er Protokollführer der Geheimen Konferenz und zu einem Vertrauten des Kaisers, der ihm die Untersuchungen bei den Verschwörungen der ungarischen Magnaten Nasdasdy, Zriny und Frangipani übertrug, die 1671 enthauptet wurden. Abele führte wesentlich das Strafverfahren gegen den Hofkammerpräsidenten Georg von Sinzendorf wegen Unregelmäßigkeiten in der Amtsführung, das 1680 zur Absetzung und Verbannung von Sinzendorf führte. 1681 übernahm Abele die vakante Position des Hofkammerpräsidenten, resignierte aber 1683. Nach der erfolgreichen Verteidigung Wiens erhob ihn Leopold I. 1684 in den Grafenstand. Abele wurde danach als Hofkommissar nach Ungarn entsandt (1684), kehrte aber 1685 krank zurück nach Wien, wo er im Oktober 1685 verstarb. Abele war verheiratet mit Maria Clara Mayerin von Vorchenau (Puchenau) und Lindenfeld.

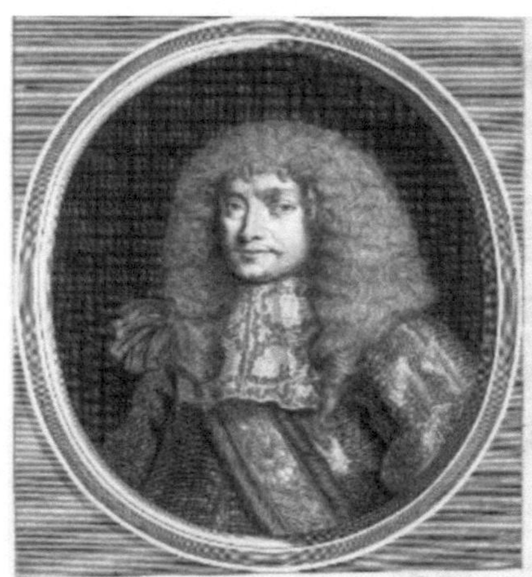

Abb. 87 Christoph Ignaz Abele (Public Domain)

---

61   Aus Pfarrbrief 123/2020.

Er unterstützte zeitlebens den Servitenorden,[62] machte mehrere Stiftungen für deren Kirche in Wien (Liborius-Altar) und ein Kloster mit Kirche in Frohnleiten (Stmk.).

Sein **Wappen** (Abb. 88) oberhalb des Liborius-Altares ist ein „Allianzwappen" mit seiner Gattin:

Links: Wappen Abele, geteilt und gespalten:

Feld 1 und 4: schwarz auf silber 8-fach geschacht (Vorfahren Schachner)

Feld 2 und 3: geteilt, oben auf silber ein roter Greif, gekrönt, farbgewechselt im unteren Teil (Vorfahren Viecher) Herzschild: geteilt oben auf silber eine schwarze Lilie, im unteren Feld farbgewechselt (Standeserhebung „von und zu Lilienberg")

Rechts: Wappen Maria Clara Mayerin von Vorchenau, geteilt und gespalten:

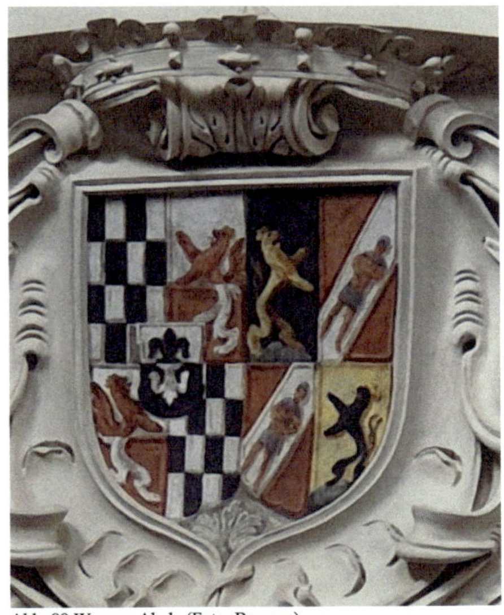

Abb. 88 Wappen Abele (Foto: Brugger)

Feld 1: auf schwarz ein nach hinten aufsteigender doppeltgeschwänzter Löwe auf grünem Dreiberg, in Feld 4 farbgewechselt und gespiegelt

Feld 2 und 3: in rot ein rechtsschräger weißer Balken mit aufgelegtem nackten Mann mit grünem Schurz und Lorbeerkranz, in jeder Hand eine Maiblume über sich haltend.

Zur Krippe, die beim Liborius-Altar aufgestellt wird, siehe Abb. 46 Seite 36. (Red.)

---

62 Hofbauer (1866) berichtet über Abele und die Türkenbelagerung im Jahr 1683: „Die Serviten, damals vierzehn an der Zahl, hatten mit Ausnahme zweier, bei Anmarsch der Türken eilige Flucht nach der Stadt zu genommen. Nur P. Edmund M. Eckhl (geb. 12. Febr. 1629) und der greise Laienbruder Pacificus M. Kreppold (ein Franzose, geb. 31. Dezember 1605), die in banger Sorge um das Kloster sich hier verspätet, fanden bei dem Scheiden aus ihren heimischen Mauern die Stadtthore bereits abgeschlossen; weßhalb sie ihre Schritte nach Wiener Neustadt lenkten, doch unweit Baden einem türkischen Streifkorps in die Hände fielen, und niedergesäbelt wurden (12. Juli 1683). Die Übrigen bezogen ein Haus ihres erhabenen Gönners, des Christoph Ignaz Freiherr, später Grafen von Abele (1679 Gründer des Servitenklosters zu Frohnleiten nächst Graz), das sogenannte Wenzell'sche Freihaus Nr. 1140 in der oberen Breunerstraße, vor Zeiten der Karthause Aggsbach gehörig, worin sie bis zum Entsatze der Residenzstadt verblieben." (Red.)

b)   Der hl. Liborius

Ein Freund des hl. Martin[63]

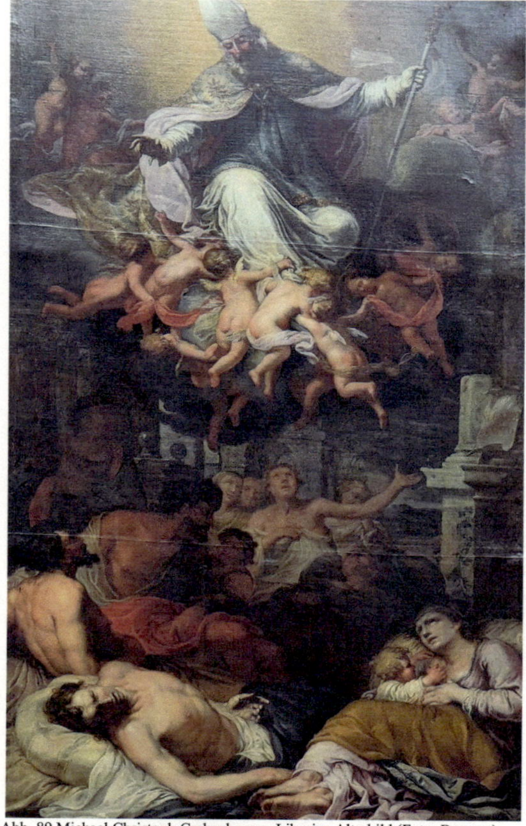

Abb. 89 Michael Christoph Grabenberger: Liborius-Altarbild (Foto: Brugger)

Der rechte vordere Seitenaltar ist dem hl. Liborius geweiht.

Liborius lebte im 4. Jh. und war 49 Jahre lang Bischof von Le Mans. Er war eng befreundet mit dem hl. Martin und starb 397.

Schon zu Lebzeiten wurde er wie ein Heiliger verehrt, und auch nach seinem Tod ereigneten sich immer wieder wunderbare Heilungen an seinem Grab.

Jahrhunderte später, als im neugegründeten Bistum Paderborn Bischof Badurad (ca. 785–862) bei der Bekehrung der Sachsen nicht recht vorankam, besann er sich der wunderbaren Taten des hl. Liborius, von denen ihm sein Freund, der Bischof Aldrich von Le Mans, erzählt hatte. Er bat ihn um Reliquien des Heiligen und auf Geheiß von Kaiser Ludwig dem Frommen wurden Teile davon nach Paderborn überstellt (836).

Badurad hatte bald Erfolg, und der hl. Liborius wurde hoch verehrt und bei Krankheit und Not angerufen, insbesondere bei den fast regelmäßigen Pestepidemien und Kriegen.

---

[63]   Aus Pfarrbrief 110/2016.

Auch heute noch ist der hl. Liborius aus dem religiösen Leben von Paderborn nicht wegzudenken; jährlich wird in der „Liboriwoche"[64] der Reliquienschrein durch die Stadt getragen (Abb. 90).

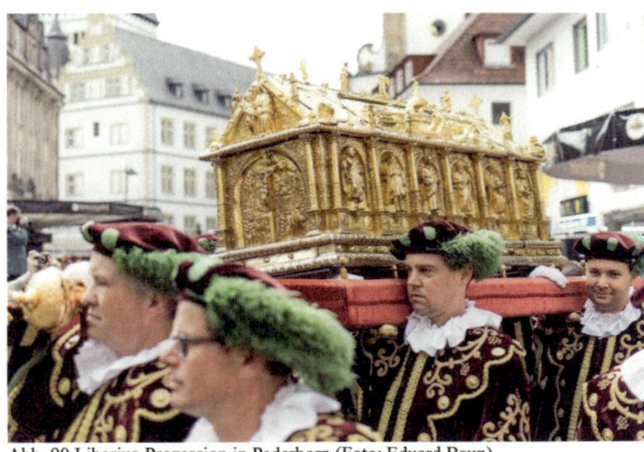

Abb. 90 Liborius-Prozession in Paderborn (Foto: Eduard Baun)

Im 13. Jh. siedelten sich die Serviten auch in Deutschland an und gründeten dort bis zum Dreißigjährigen Krieg 18 Klöster. Dabei übernahmen sie örtliche Traditionen und Bräuche, z. B. die Verehrung von lokal geschätzten Heiligen wie dem hl. Liborius. Im Zuge der Reformation bekamen die Serviten zunehmend Schwierigkeiten und mussten bis zum Ende des 16. Jh. alle deutschen Klöster wieder auflösen. Viele Brüder flüchteten nach Süden in die dortigen Servitenklöster und brachten ihre Traditionen und Bräuche mit, unter anderem die Verehrung des hl. Liborius oder des hl. Ulrich.

Das Altarbild des Liborius-Altares (gemalt ca. 1678 von Michael Christoph Grabenberger, 1634–1684, Abb. 89) zeigt den Heiligen im Bischofsornat auf einer von Engeln getragenen Wolke bei der Segnung der zu ihm aufblickenden Pestkranken.

Die Gewölbefresken zeigen Szenen aus der Geschichte um Liborius, z. B. die Verehrung der Reliquien bei der Übertragung nach Paderborn (Abb. 91).

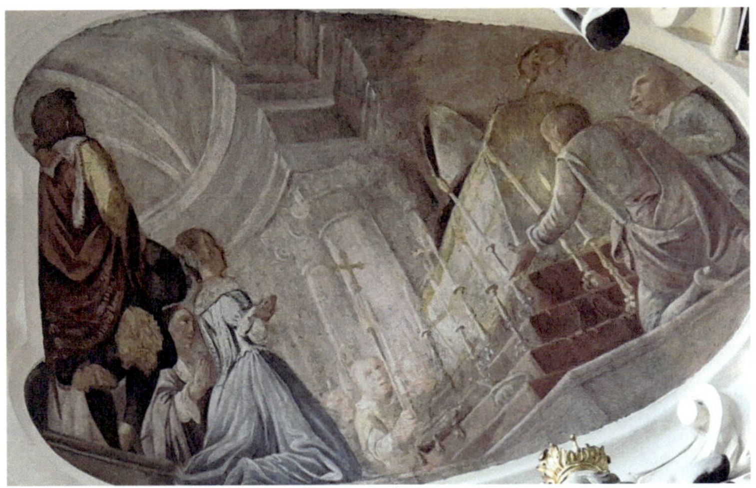

Abb. 91 Fresko Liborius-Reliquienverehrung (Foto: Brugger)

---

[64] Rund um den 23. Juli (Red.).

5.   Antonius-Altar (Anna-Altar)

a)   Das Wappen des Stifters

Fürst Johann Weikhard von Auersperg[65]

Er entstammte dem alten Adelsgeschlecht der Auersperg aus der Krain. Geboren 1615 auf Schloss Seisenberg studierte er in München und trat nach dem Thronwechsel in den kaiserlichen Dienst bei Ferdinand III. Er war sehr geschickt und wurde hochrangig protegiert, u.a. von Piccolomini.

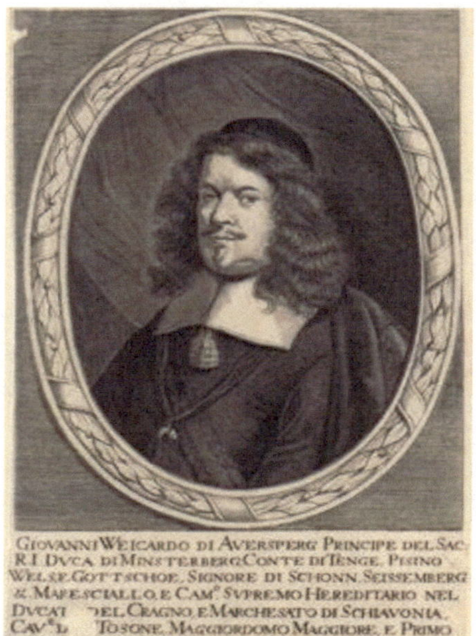

Abb. 92 Johann W. Auersperg (Public Domain)

Nach diplomatischen Erfolgen wurde er Obersthofmeister des jungen Thronfolgers Ferdinand IV. und betrieb dessen Wahl zum König von Böhmen (1646) und Ungarn (1647). 1650 wurde er mit dem Orden vom Goldenen Vlies ausgezeichnet. Danach betrieb er die Wahl Ferdinands IV. zum deutschen König (1653) und wurde dafür zum Reichsfürsten erhoben (Abb. 92).

Ehe mit Maria Katharina von Losenstein (daraus drei Söhne und vier Töchter), er kaufte die Grafschaft Tengen, die vom Kaiser „gefürstet" wurde, und erhielt dazu als Lehen die schlesischen Fürstentümer Münsterberg und Frankenstein. Ein herber Rückschlag für ihn war der Tod des Thronfolgers Ferdinand IV. (1654). 1655 wurde er Obersthofmeister von Ferdinand III. Jedoch auch dieser starb 1657. Auersperg stürzte sich wieder in diplomatische Tätigkeit. 1658 wurde Leopold 1. zum Kaiser gewählt, und Auersperg betrieb Leopolds Hochzeit mit der spanischen Infantin Margarete Theresia (1666). Weitere diplomatische Erfolge blieben ihm verwehrt. Als erster Minister führte er 1668 Geheimverhandlungen mit Frankreich über die Teilung der spanischen Monarchie, wobei ihm der französische König Ludwig XIV. Protektion bei der Erlangung der Kardinalswürde zugesagt haben soll. Das wurde Johann Weikhard als Hochverrat ausgelegt, und über Nacht wurde er 1669 von allen Ämtern enthoben. Er kehrte mit seiner Familie zurück in die Krain und starb 1677 auf Schloss Seisenberg.

---

[65]   Aus Pfarrbrief 124/2020.

Wappen (Abb. 93):

Feld 1: gespalten

Links: auf gold und weiß ein schwarz und rot gespaltener Adler, auf der Brust ein silberner Mond (Frankenstein, Schlesien)

Rechts: auf rot ein gekrönter silberner Löwe (Böhmen)

Feld 2: dasselbe waagrecht geteilt

Felder 3 und 6: auf rot ein goldener Auerochse (Familienwappen Auersperg)

Felder 4 und 5: auf gold eine schwarze Bank mit schwarzem Adler (Wappen Pankraz)

Herzschild: auf silber in rot ein aufsteigender gekrönter Löwe (Wappen Pankraz)

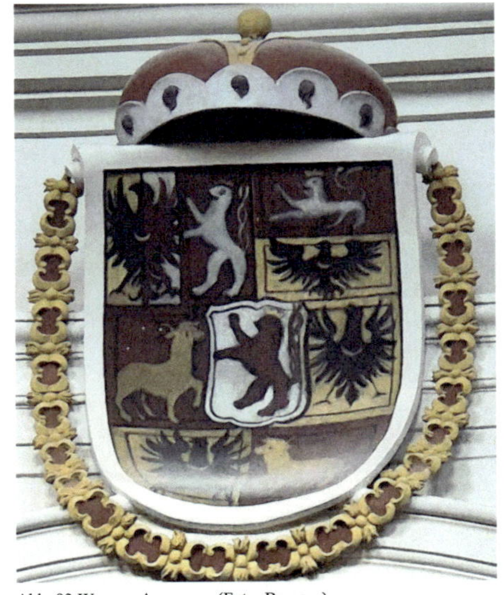

Abb. 93 Wappen Auersperg (Foto: Brugger)

Das Wappen ist bekrönt mit dem Fürstenhut und umrahmt mit der Ordenskette vom Goldenen Vlies.

b)   Das „verlängerte" Altarbild

Antonius-von-Padua-Altarbild[66]

Wenn man das von Tobias Pock[67] 1669 gemalte Altarbild des hl. Antonius von Padua in unserer Kirche genau betrachtet, kann man erkennen, dass es oben und unten verlängert, sozusagen „angestückelt" ist. Offensichtlich wurde von den Türken während der Belagerung von Wien (1683) der ursprüngliche Altar, für den das genannte Bild gemalt wurde, zu Brennholz gemacht und 1729 durch einen neuen Altar ersetzt.

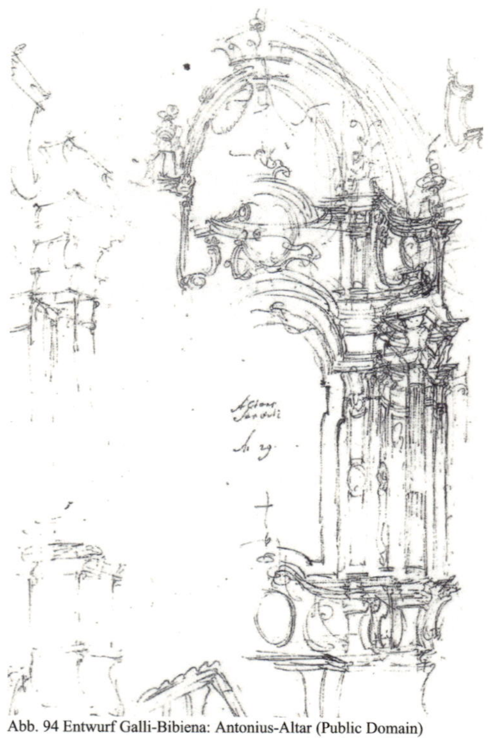

Abb. 94 Entwurf Galli-Bibiena: Antonius-Altar (Public Domain)

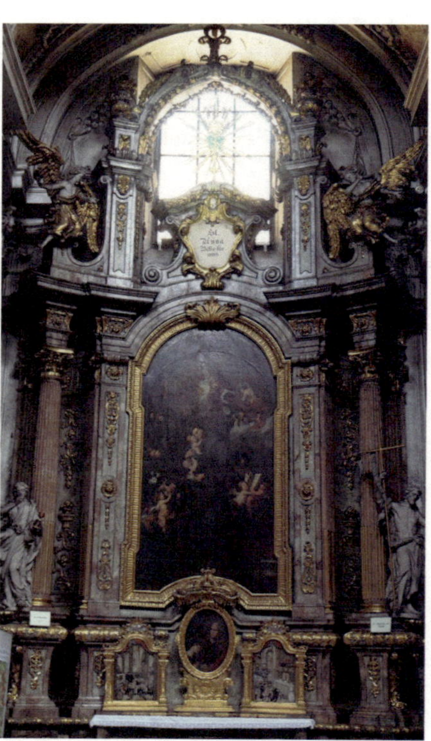

Abb. 95 Antonius-Altar (Foto: Newesely)

Dieser ist bisher dem Hoftheatermaler Franz Anton Dannée zugeschrieben worden (Lechner 1970). Seit der Ausstellung „Triumph der Phantasie" (im Belvedere, 1998) wissen wir jedoch aus Untersuchungen von Dr. Wilhelm Georg Rizzi,[68] dass der Entwurf von dem berühmten italienischen Theaterarchitekten

---

[66]   Aus Pfarrbrief 93/2012.

[67]   Von Tobias Pock stammt auch das Altarbild Philippus Benitius (Abb. 63) und Johannes-Altar (Seite 88). (Red.)

[68]   Siehe auch Seite 38 (Red.).

Giuseppe Galli-Bibiena (1696–1756) stammt. In seinem Skizzenbuch finden sich sehr detaillierte Entwurfszeichnungen für den Antonius-Altar (Abb. 94).

Dabei hat Giuseppe Galli-Bibiena in genialer Weise den sonst bei Altären üblichen oberen Auszug des Ädikulaaufsatzes durch einen Triumphbogen ersetzt, um das Licht des dahinter befindlichen Fensters so in die Architektur des Altares einzubeziehen, dass es nun das Servitenwappen mit seiner Glorie umstrahlt (Abb. 95).

Da dieser neue Altar offensichtlich größer ist als der ursprüngliche (dieser durfte ja das Fenster aus Beleuchtungsgründen nicht verdecken), musste das wiederverwendete Altarbild oben und unten angestückelt werden. Dabei wurde sehr geschickt durch eine Scheinarchitektur dem Bild ein räumlicher Charakter verliehen (oben: Gewölbe, unten: Stufen).

Tobias Pock (1609–1683) lebte zu diesem Zeitpunkt nicht mehr, diese Veränderung ist also nicht von ihm selbst vorgenommen worden. Leider ist bei einer späteren Restaurierung diese Scheinarchitektur teilweise wieder übermalt worden; auf der Stichvorzeichnung des Altares von Salomon Kleiner (aus dem Jahr 1730) ist sie aber gut zu sehen (Abb. 102 Seite 87).

c)   Die hl. Anna

Anna, die Mutter Marias[69]

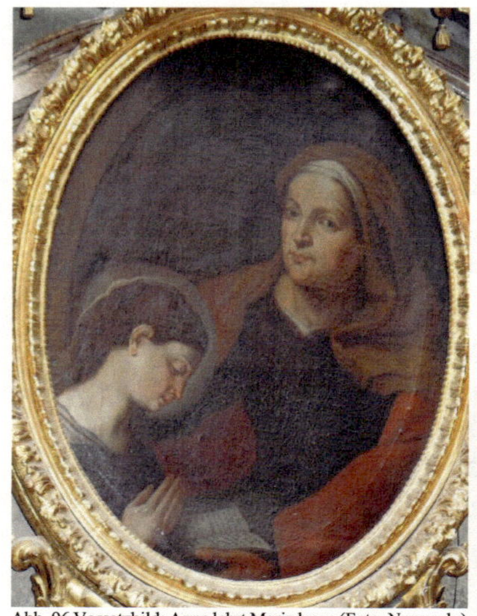

Abb. 96 Vorsatzbild: Anna lehrt Maria lesen (Foto: Newesely)

Das Leben der hl. Anna wird in der Bibel nicht erwähnt, aber im apokryphen „Evangelium des Jakobus" beschrieben. Anna und ihr Ehemann Joachim führten ein vorbildliches jüdisches Leben, sie waren sehr vermögend, aber auch sehr wohltätig. Leider hatten sie nach über 20-jähriger Ehe noch immer keine Kinder, was nach jüdischer Ansicht ein Makel war.

Ihre innigen Gebete wurden von Gott erhört, Anna wurde schwanger und gebar Maria, die spätere Mutter Jesu. Nach dem Tode Joachims heiratete sie noch zweimal (Trinubium) und bekam aus diesen Ehen noch je eine Tochter. Deren Kinder, also ihre Enkel, waren Apostel und Jünger Christi, die „Herrenbrüder". Ihre Cousine Elisabeth war Mutter von Johannes dem Täufer.[70] Anna ist das Zentrum der sogenannten „Heiligen Sippe". Aus diesem Grunde schrieb man im Mittelalter ihrer Fürsprache bei der Erlangung der Seligkeit

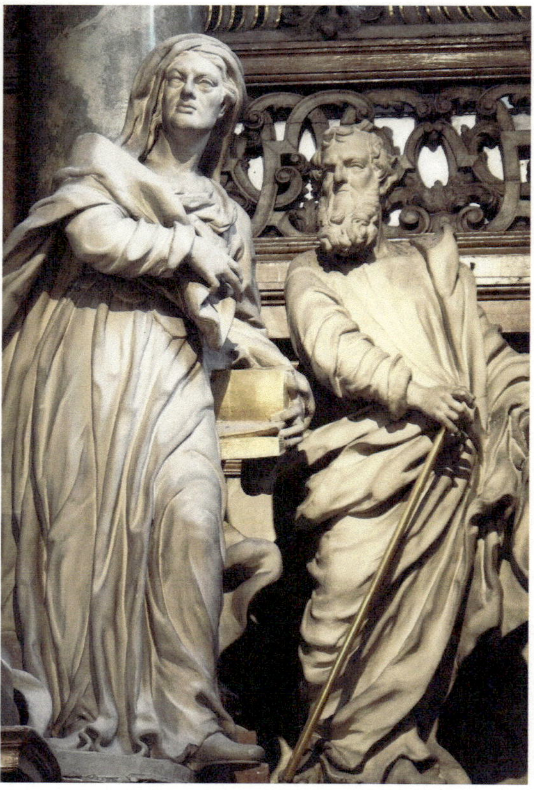

Abb. 97 Statuen am Hochaltar: Joachim und Anna (Foto: Newesely)

---

[69]   Aus Pfarrbrief 108/2016.

[70]   Dessen Staute ist rechts am Antonius- bzw. Anna-Altar zu sehen (symmetrisch zum links befindlichen Johannes Evangelist, vgl. Abb. 99). Weiter rechts befindet sich der dem Johannes dem Täufer gewidmete Seitenaltar (dazu Seite 88). (Red.)

besondere Wirkung zu und es entwickelte sich ein intensiver Annenkult. Ihr Gedenktag, der 26. Juli, wurde einer der wichtigsten Feiertage. Es gab Annenbruderschaften, in die sich sogar Kaiser Maximilian I. und auch Kaiser Leopold I., einschreiben ließen. In der Annakirche in Wien befindet sich eine Reliquie von ihr, die am 26. Juli zur Verehrung ausgestellt wird.

In unserer Kirche ist die hl. Anna mehrfach zu sehen:

Im ovalen Altar-Vorsatzbild am Antonius-Altar (großer Seitenaltar rechts), der deswegen auch Annenaltar genannt wird. Dort wird sie dargestellt, wie sie ihre kleine Tochter Maria im Lesen unterrichtet (Abb. 96).

Als Statue steht sie mit einem Buch in der Hand zusammen mit Joachim am Hochaltar rechts (Abb. 97).

In einem der Gewölbefresken im Presbyterium wird die Geburt Mariens dargestellt: Anna im Wochenbett, das Baby Maria im Vordergrund, drei Frauen besuchen sie (Abb. 98).

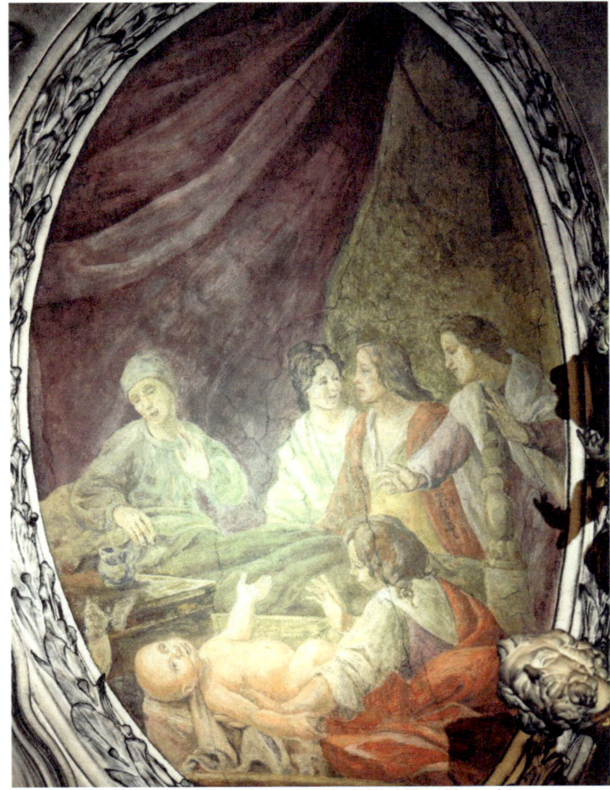

Abb. 98 Fresko: Hl. Anna im Wochenbett mit Maria als Kind (Foto: Newesely)

d)   Der hl. Johannes, Apostel und Evangelist

Der Lieblingsjünger[71]

Der Apostel Johannes ist nach altkirchlicher Überlieferung der Verfasser des vierten Evangeliums, der drei Johannesbriefe und der „Offenbarung des Johannes". Er wurde als Sohn des Fischers Zebedäus und der Salome (einer Verwandten von Maria, der Mutter Jesu) in Betsaida am See Gennesaret geboren und wurde ebenfalls Fischer.

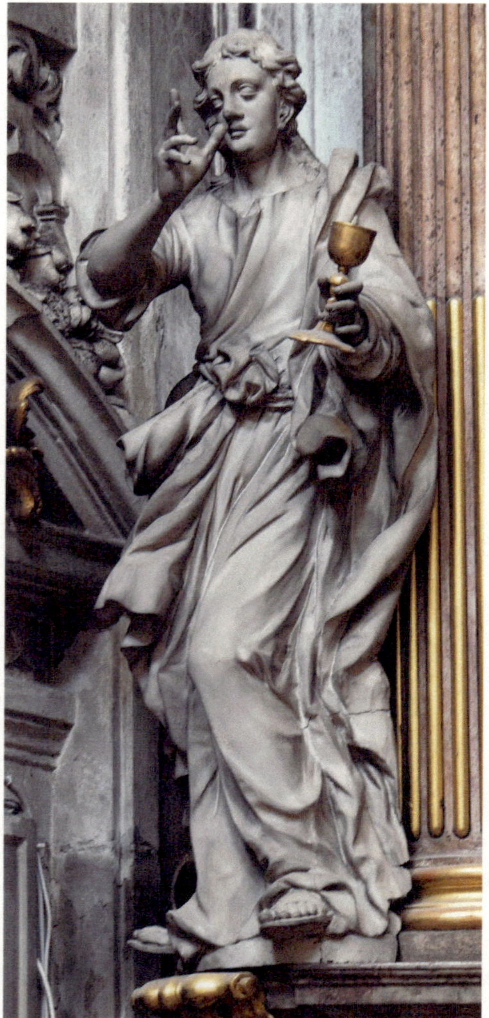

Als er einmal mit seinem Bruder Jakobus Fischernetze ausbesserte, kam Jesus vorbei, und beide folgten seinem Ruf. Johannes hatte eine besonders enge Beziehung zu Jesus und war bei vielen wichtigen Begebenheiten im Leben Jesu dabei, z. B. bei der Erweckung der Tochter des Jairus, bei der Verklärung Jesu am Berg Tabor, im Garten Getsemani. Als einziger der zwölf Apostel folgte er Jesus nach der Festnahme bis zum Kreuz, und hier vertraute ihm Jesus auch seine Mutter an. Wie die anderen

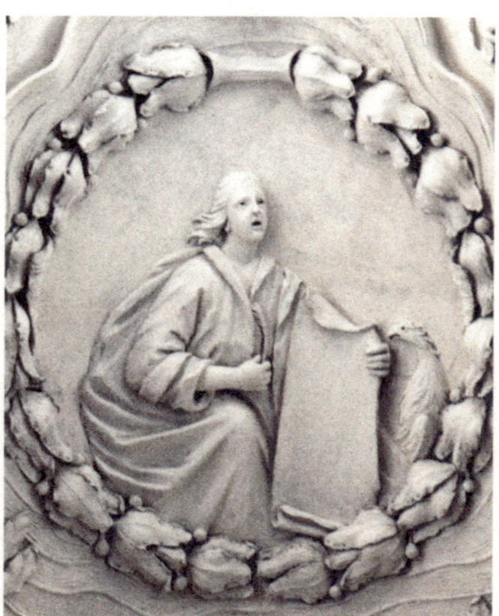

Abb. 99 Statue: Hl. Johannes Ev. (Foto: Newesely)

Abb. 100 Stuckrosette: Hl. Johannes Ev. (Foto: Newesely)

Apostel wirkte Johannes nach dem Tod und der Auferstehung Jesu zunächst in Palästina. Später gründete und betreute er mehrere Gemeinden in Ephesos, Kleinasien. Während einer Christenverfolgung unter Kaiser Domitian (81–96) wurde er in Rom gefoltert, überlebte eine Tauchprozedur in siedendem Öl und Sklavenarbeit in den Erzgruben auf der Insel Patmos. Dort schrieb er auch nach einer Vision die „Offenbarung des Johannes" nieder. Nach dem Tod des Kaisers Domitian kehrte er nach Ephesos zurück, wo er sein Evangelium schrieb.

In einem Zwist mit Aristodemus, dem Oberpriester des Artemistempels, zwang man ihn, den Giftbecher zu trinken. Aber das Gift entwich in Form einer Schlange, und Johannes überlebte. Er wurde sehr alt und starb um 101 n. Chr. in Ephesos, als einziger der Apostel nicht als Märtyrer. Johannes wird mit unterschiedlichen Attributen dargestellt: Buch, Schriftrolle und Schreibfeder, Adler (wegen seiner „hohen Theologie"), Kelch mit Schlange (Versuch, ihn zu vergiften), Kessel mit siedendem Öl (Ölmarter).

In unserer Kirche steht der Apostel Johannes als Jüngling links am Antonius-Altar (vulgo Annenaltar, rechter großer Seitenaltar) mit Kelch, die Schlange ist irgendwann verlorengegangen (Abb. 99).

Mit einem Adler ist er am Kanzelkorb zu sehen und mit einer Schriftrolle in einer Stuckrosette in der Kuppel vorne oberhalb der Verkündigungsgruppe und der Uhr (Abb. 100).

Das Fest des hl. Apostels und Evangelisten Johannes feiern wir am 27. Dezember.

e)   Die Dienstbotenmadonna als Maienkönigin

Der Baldachin beim Antonius-Altar [72]

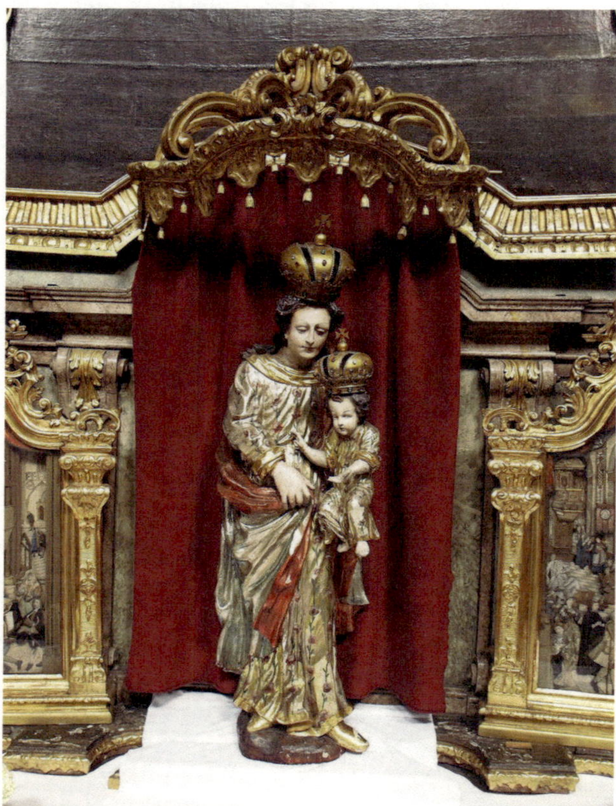

Abb. 101 Dienstbotenmadonna beim Antonius-Altar (Foto: Newesely)

In einer Nische in der großen Seitenkapelle rechts neben dem Antonius-Altar befand [73] sich ziemlich unbemerkt hinter einer Glastüre die sog. „Dienstbotenmadonna" der Servitenkirche (Leutmötzer 1919). Sie wurde im Mai zu Ehren der Gottesmutter als Maienkönigin mit Blumen geschmückt auf einem Seitenaltar aufgestellt. Das war früher immer der Liborius-Altar, da er sich am weitesten vorne befindet.

2006 wurde die Statue erstmals am Antonius-Altar an der Stelle aufgestellt, an der sich sonst das Bild der hl. Anna befindet, und dabei zeigte sich, dass der goldene Baldachin über dem Annenbild überraschend gut mit der Marienstatue harmonierte (Abb. 101). Eigentlich war dieser räumliche Baldachin viel zu mächtig für das Annenbild, verglichen mit den relativ einfachen Rahmenaufsätzen der Altarvorsatzbilder der anderen Seitenaltäre.

Auf einer Stichvorzeichnung des Antonius-Altares von Salomon Kleiner aus dem 18. Jh. ist zwar das Annenbild, aber nicht der Baldachin vorhanden (Abb. 102); es liegt daher nahe, dass er für die Dienstbotenmadonna als Maienkönigin geschaffen wurde.

---

[72]   Aus Pfarrbrief 92/2012.

[73]   Nach der Restaurierung wurde 2017 die Dienstbotenmadonna in der Peregrinikapelle aufgestellt. (Red.)

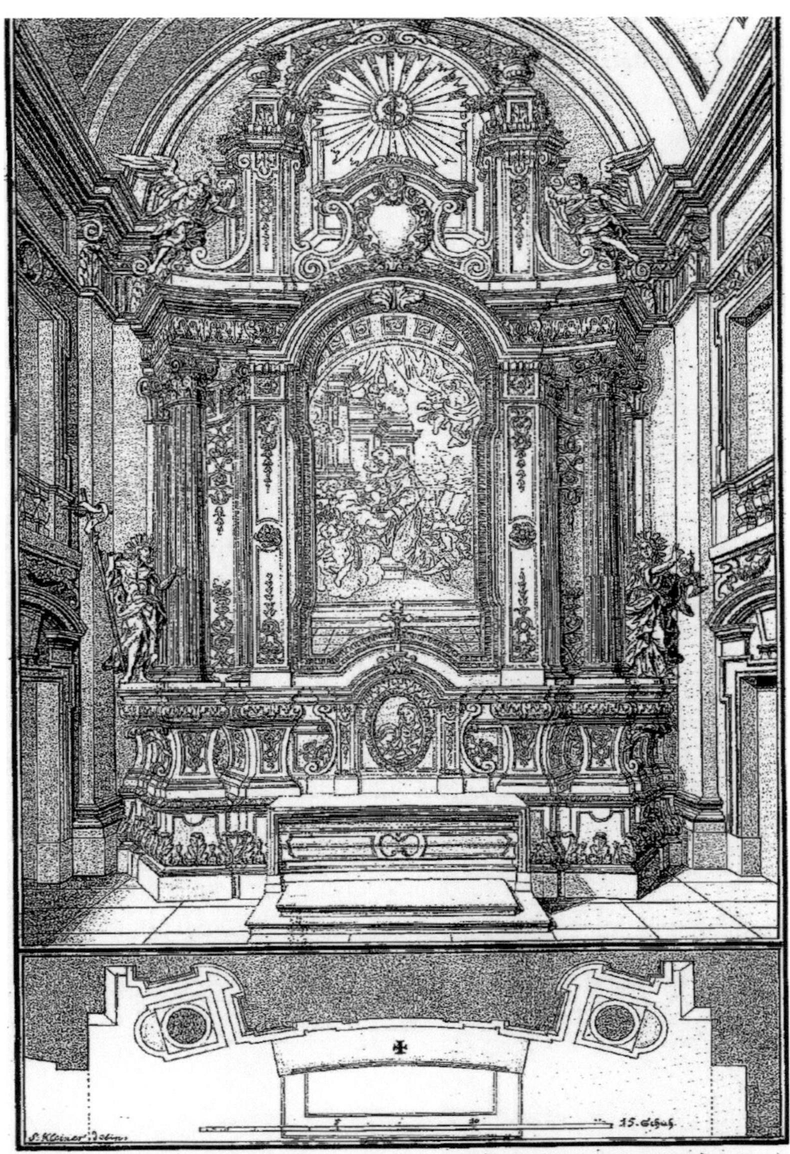

Abb. 102 Salomon Kleiner: Antonius-Altar 1730 (Public Domain)

6. Johannes-der-Täufer-Altar[74]

a) Das Wappen des Stifters

Ferdinand Maximilian Graf und Herr von und zu Sprinzenstein (1625–1679)[75]

Die Vorfahren von Ferdinand Maximilian (Abb. 103) hießen Ritz oder Riccio (ital. für Igel) und waren eine jüdische Familie deutscher Herkunft in Südtirol. Stammvater Paul Ritz (um 1480–1541) konvertierte und war Professor an der Universität von Pavia, ab 1514 Leibarzt von Kaiser Maximilian I. und Erzieher und Berater von Erzherzog Ferdinand (später Kaiser Ferdinand I.). 1529 erhielt er Gut und Schloss Sprinzenstein als Erblehen und wurde 1530 mit dem Prädikat „von Sprinzenstein" in den Freiherrenstand erhoben. Damit kam auch der „Sprinz" (der männliche Sperber) in sein Wappen. Die ganze Familie wurde 1646 von Kaiser Ferdinand III. auf Grund ihrer Verdienste im oberösterreichischen Bauernkrieg in den Grafenstand erhoben.

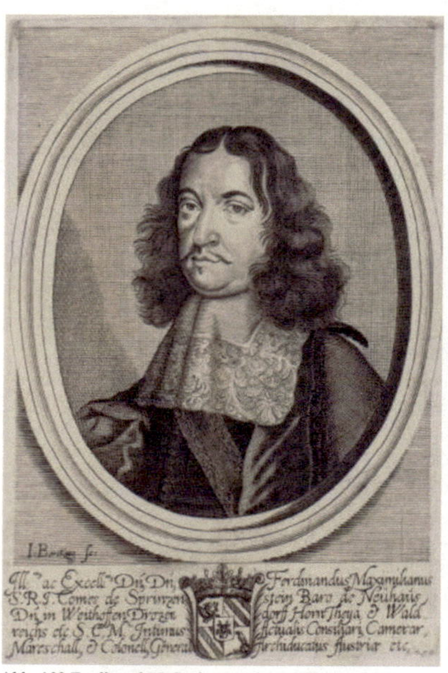
Abb. 103 Ferdinand M. Sprinzenstein (Public Domain)

Ferdinand Maximilian war Kaiserlicher Rat und Landrechtsbesitzer in Österreich ober der Enns, Oberstkämmerer der Schwestern von Kaiser Ferdinand III., später Obrist-Erbmünzmeister von Österreich ober und unter der Enns. 1660 heiratete er Eleonora Kurtz, die Tochter des Reichsvizekanzlers Ferdinand Sigismund Kurtz von Senftenau, den wir auch aus der Geschichte von Johann Weikhard von Auersperg kennen. Daher auch seine Verbindung zu den Serviten. Ferdinand Maximilian starb 1679 und wurde in der Lamberg'schen Gruft in St. Augustin beigesetzt.

---

[74] Zu Johannes dem Täufer siehe Seite 47 und das Fresko in der Altarnische Abb. 60. (Red.)
[75] Aus Pfarrbrief 125/2021.

Wappen (Abb. 104): Ferdinand Maximilian von Sprinzenstein hat seine Gattin in ein sogenanntes Allianzwappen aufgenommen:

Vorne: Wappen Sprinzenstein, geteilt und gespalten, Herzschild Feld 1: in gold ein wachsender schwarzer Greif (Ritz)

Feld 2 und 3: auf blau zwei rechtsschräge goldene Balken (Ritz)

Feld 4: in silber ein natürlicher Sprinz, auf einem Dreiberg sitzend

Herzschild: in rot ein aufstrebender silberner Auerochse (Vorfahren Jöchl)

Hinten: Wappen Kurtz von Senftenau, geteilt und gespalten,

Herzschild Feld 1und 4: in Rot ein silberner Balken (Österr. Bindenschild)

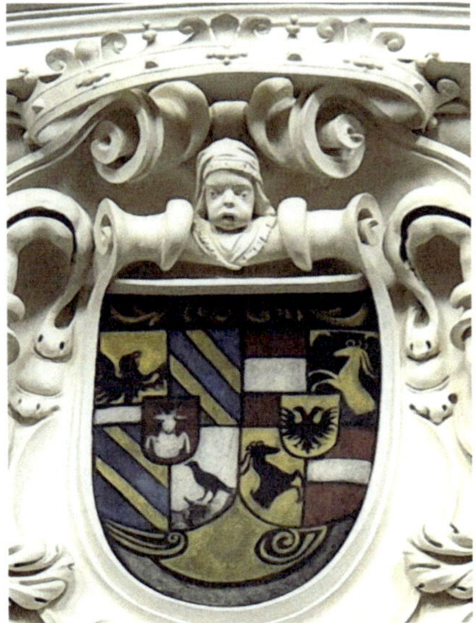

Abb. 104 Wappen Sprinzenstein (Foto: Brugger)

Feld 2: in schwarz ein aufstrebender goldener Steinbock, farbgewechselt in Feld 3 (Senftenau)

Herzschild: in gold der schwarze Doppeladler (Drosendorf)

Das Wappen ist gekrönt mit der Grafenkrone.

b)   Der hl. Josef

„Josef, Sohn Davids, fürchte dich nicht …"[76]

Josef der Zimmermann, Nachkomme König Davids, war im Glauben seines Volkes fest verankert, kannte sich in den jüdischen Schriften gut aus und lebte nach den Geboten. Jetzt hatte er aber ein Problem: Seine Verlobte Maria war schwanger, aber nicht von ihm (Mt 1,18). Wenn es bekannt geworden wäre, hätte sie nach dem Gesetz gesteinigt werden können (Dtn 22,23–24). Das wollte Josef keinesfalls; er überlegte, ob er sich im Stillen von ihr trennen sollte (Mt 1,19). Er war aber so unsicher, dass er die Stimme des Engels in seinem Inneren rechtzeitig und deutlich wahrnehmen konnte: „… fürchte dich nicht, nimm Maria als deine Frau zu dir, denn das Kind ist vom Heiligen Geist. Sie wird einen Sohn gebären und du sollst ihm den Namen Jesus geben …" (Mt 1,20). Wie hat sich Josef entschieden? Er handelte nicht so, wie andere jüdische Männer damals üblicherweise reagiert hätten. Er folgte der Stimme Gottes und seines Gewissens und führte den Auftrag des Engels aus. Nach dem Gesetz hat er dadurch das Kind legalisiert, als seinen Sohn an- und damit in das Haus Davids aufgenommen. Auch in anderen schwierigen Situationen hörte Josef auf seine innere Stimme, die Stimme Gottes.

Nach den Erzählungen der Hirten und der Könige hat er die Gefahr für das Kind durch Herodes erkannt und sofort gehandelt, obwohl die Flucht nach Ägypten und auch die Rückkehr sicher nicht einfach waren.

Josef hat wohl nicht viel gesprochen, zumindest ist in den Evangelien kein Wort von ihm überliefert, obwohl er 15-mal genannt wird, elfmal in der Kindheitsgeschichte, viermal später, immer als Vater Jesu bezeichnet. Er war ein guter Vater, der für seine

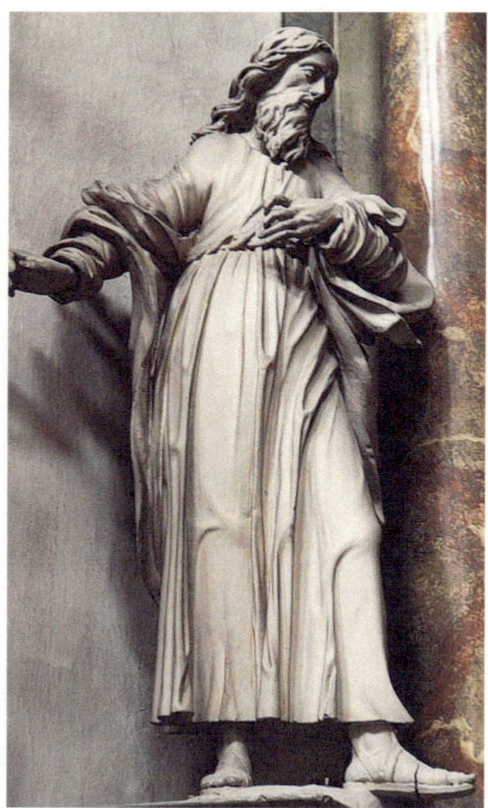

Abb. 105 Statue: Hl. Josef (Foto: Newesely)

---

[76]   Aus Pfarrbrief 111/2017.

Familie sorgte und den Sohn in den Glauben seines Volkes und in die Überlieferung der Väter einführte.

Da er in der Leidensgeschichte nicht mehr erwähnt wird, wird angenommen, dass er noch vor dem öffentlichen Auftreten Jesu im Kreise seiner Familie verstorben ist.

Der Gedenktag des hl. Josef als Familienvater ist der 19. März, als Arbeiter der 1. Mai. Er wird als Patron der Kirche verehrt, ist zusätzlich Patron des Zweiten Vatikanischen Konzils, der Ehepaare und Familien, der Zimmerleute und der Sterbenden.

In unserer Pfarrkirche ist der hl. Josef mehr als zehn Mal dargestellt: als Statue links am Johannes-Altar (Abb. 105), dort auch als Altarvorsatzbild, weiters in sieben der acht ovalen Kuppelfresken, z. B. im Fresko „Tod des hl. Josef" (Abb. 106), aber auch in den Kuppelfresken des Presbyteriums und mehrerer Seitenkapellen.

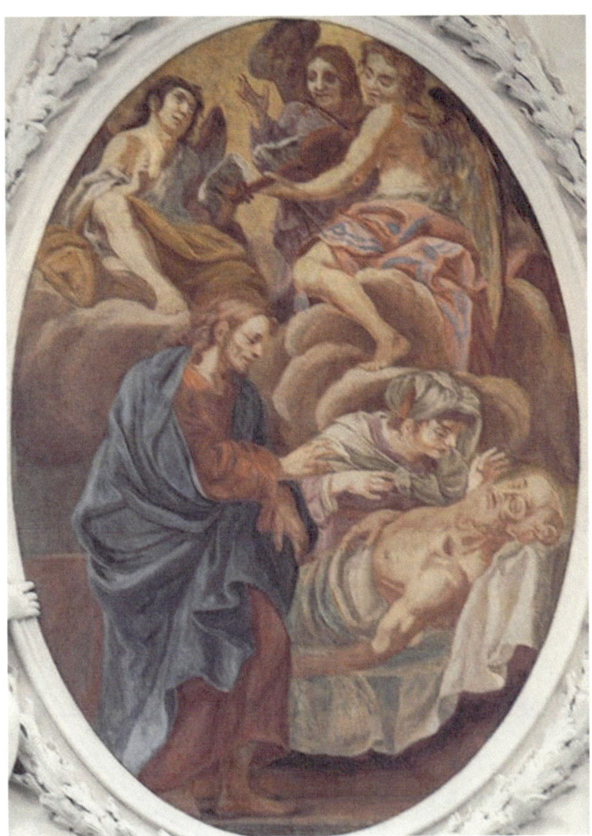

Abb. 106 Fresko: Tod des hl. Josef (Foto: Newesely)

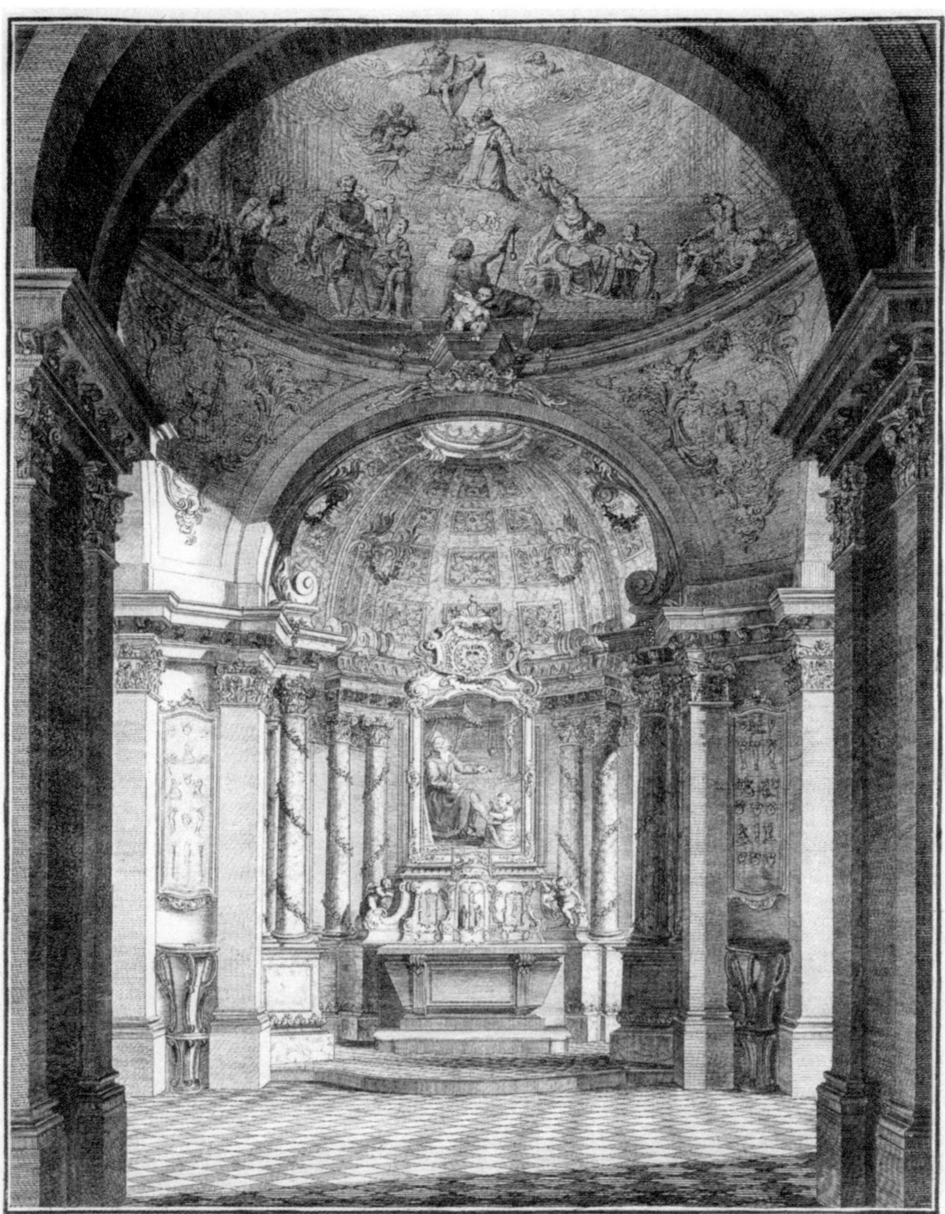

Abb. 107 Kupferstich von Ferdinand Landerer: Peregrinikapelle (Public Domain)

E. Peregrinikapelle

1. Ein ghibellinischer Heiliger?

Der hl. Peregrin[77]

Während der Auseinandersetzungen zwischen den Anhängern des Kaisers (Ghibellinen) und denen des Papstes (Guelfen) in Italien im 13. Jh. kam es zu einer unfreundlichen Begegnung zwischen Philippus Benitius und Peregrin Laziosi.

Der Papst belegte in diesem Streit den Kaiser und seine Anhänger (auch Städte wie Forlì)[78] mit dem Kirchenbann, was damals eine sehr schwere Strafe war.[79]

Um die Beziehungen zu Forli zu verbessern, sandte der Papst den hl. Philippus Benitius[80] (einen Serviten) zu Verhandlungen nach Forlì.

Er wurde aber sehr unfreundlich aufgenommen, ein junger, ghibellinischer, adeliger Hitzkopf namens Peregrin Laziosi

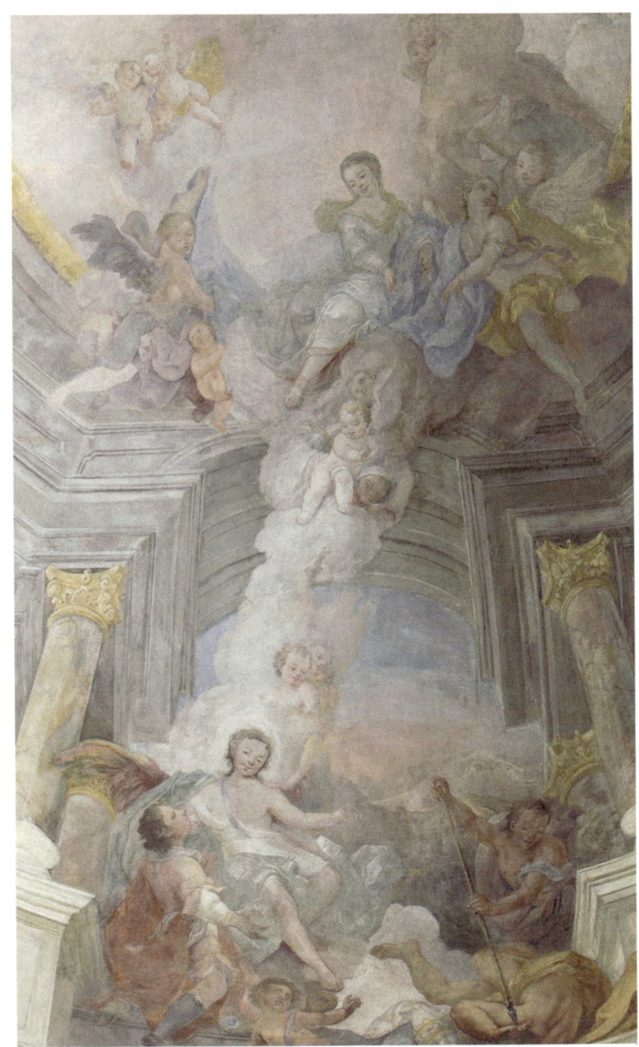

Abb. 108 Kuppelfresko von Joseph Adam Mölk: Bekehrung des Peregrinus (Foto: Schewig)

---

[77] Aus Pfarrbrief 100/2014.

[78] Forli liegt rund 30 km südlich von Ravenna und war ghibellinisch wie etwa auch Assisi, Modena, Cremona und Siena. (Red.)

[79] Die vom Bann Betroffenen waren strafweise vom kirchlichen Gemeinschaftsleben ausgeschlossen und durften keine Sakramente empfangen.

[80] Zum Philippus-Benitius-Altar siehe Seite 49 und zum Leben des hl. Philippus siehe Seite 51.

schlug ihm sogar ins Gesicht – ein junger Ghibelline ohrfeigte einen würdigen Guelfen! – ein Skandal.

Doch Philippus Benitius blieb gelassen und verzieh Peregrin sogar.

Das beeindruckte Peregrin so sehr, dass er Philippus Benitius um Verzeihung bat, seinen Lebenswandel völlig änderte und später sogar in den Servitenorden eintrat und dessen bekanntester Heiliger wurde.

In der Peregrinikapelle hat der Maler Joseph Adam Mölk diesen erstaunlichen Gesinnungswandel von Peregrin – sozusagen seine Bekehrung – einer Vision der Gottesmutter Maria zugeschrieben (Abb. 108).

Sie gießt über Peregrin (noch nicht im Ordenshabit) die christliche Gesinnung, dargestellt durch Engel in einer Wolkensäule, während die frühere egoistische und unchristliche Einstellung Peregrins von einem anderen Engel mit einer Lanze in den Abgrund gestoßen wird.

Links im Bild auf einer Brüstung hat sich der Maler selbst ins Bild gemalt, zusammen vermutlich mit dem Auftraggeber (Abb. 109).

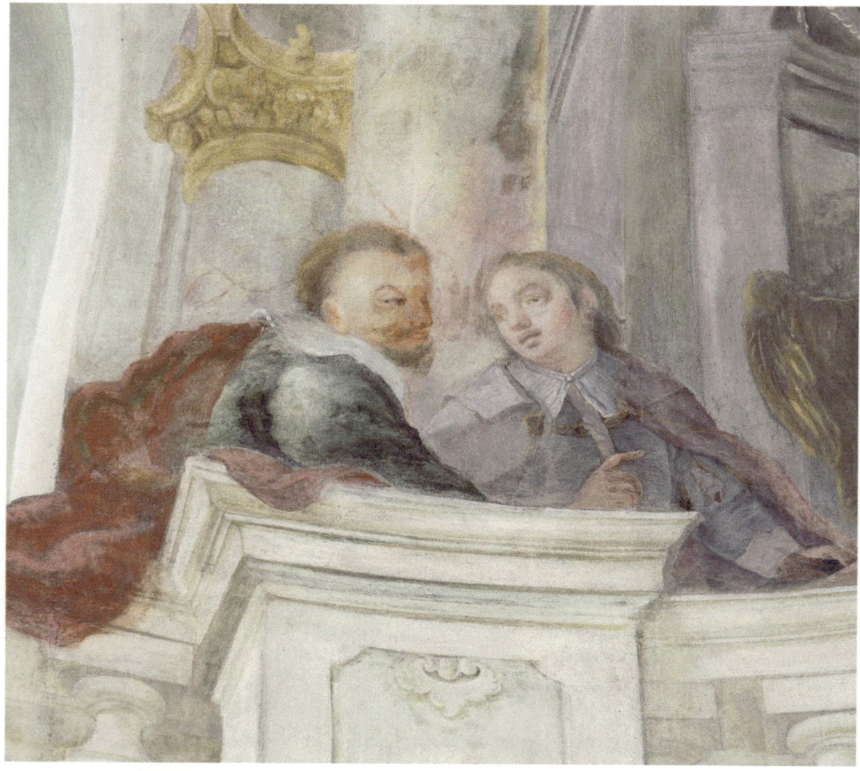

Abb. 109 Kuppelfresko-Ausschnitt Mölk (Foto: Schewig)

2.   Die Kapelle

Entstehung[81]

Nach seiner Heiligsprechung am 27. Dezember 1726 nahm die Verehrung des hl. Peregrin sprunghaft zu. In Wien wurde die Heiligsprechungsfeier im August 1727 zu einem prunkvollen Ereignis „in Gegenwart seiner Majestäten des Kaisers Karl VI. und seiner Gattin und mit ungeheurem Zuströmen der Bevölkerung", wie die Chronik berichtet. Eine gestiftete Wachsfigur des Heiligen mit Darstellung seiner wundersamen Heilung wurde ursprünglich in der Kirche aufgestellt und später aus Platzgründen ins Kloster überstellt.

Wegen des großen Andranges von Pilgern wurde noch im gleichen Jahr eine kleine Kapelle an die Kirche angebaut (fertiggestellt im Dezember 1727).

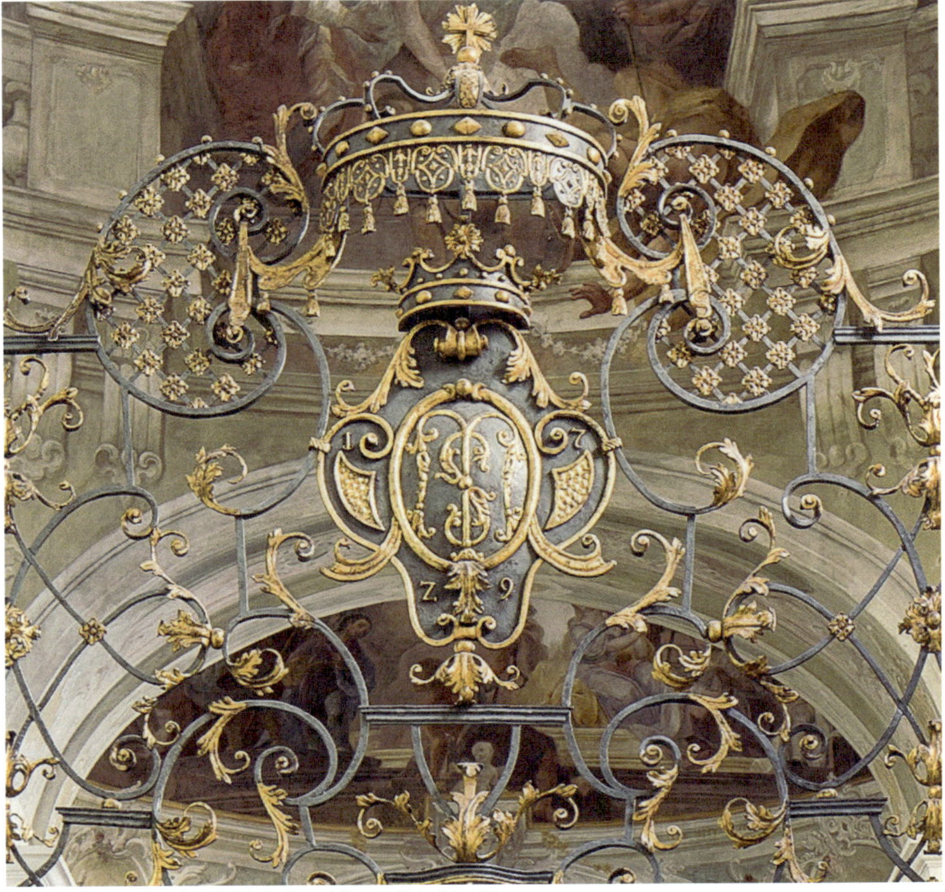

Abb. 110 Gitter von Zorigübl (1729) in der Peregrinikapelle (Foto: Schewig)

---

[81]   Aus Pfarrbrief 99/2014.

Nach einer unerwarteten Heilung ihres Fußleidens stiftete die Edle Maria Anna von Roggenfels 5.000 Gulden für eine Erweiterung dieser Kapelle, die 1729 fertiggestellt wurde und für die der Rossauer Schlossermeister Johann Zorigübl ein kunstvolles schmiedeeisernes Abschlussgitter schuf. Dieses Gitter ist – im Gegensatz zum großen Abschlussgitter der Servitenkirche (vgl. Abb. 17) – der Entstehungszeit entsprechend (datiert 1729) im Rokokostil entworfen und gefertigt (Abb. 110 und Abb. 111). Obwohl Zorigübl kein weithin bekannter Künstler war und in der Kunstliteratur nicht weiter erwähnt wird, hat er unter Zuhilfenahme der verfügbaren Musterbücher ein beachtliches und sehenswertes Kunstwerk geschaffen.

Nach Gründung von verschiedenen Bruderschaften, die den hl. Peregrin verehrten, wurde auch diese Kapelle zu klein und in den Jahren 1765–1767 neuerlich vergrößert, nach einem Entwurf von Melchior Hefele (1716–1794), der schon von seinen Arbeiten in der Kirche am Sonntagberg bekannt war.

Die zwei Kuppeln wurden von Joseph Adam Mölk (1718–1794) mit Deckenfresken und Scheinarchitektur ausgestattet. Mölk war den Serviten von seinen Arbeiten in der Kirche Maria Langegg bekannt.

Nach der Restaurierung wurde die Peregrinikapelle zum Fest des hl. Peregrin Anfang Mai 2014 feierlich wiedereröffnet.[82]

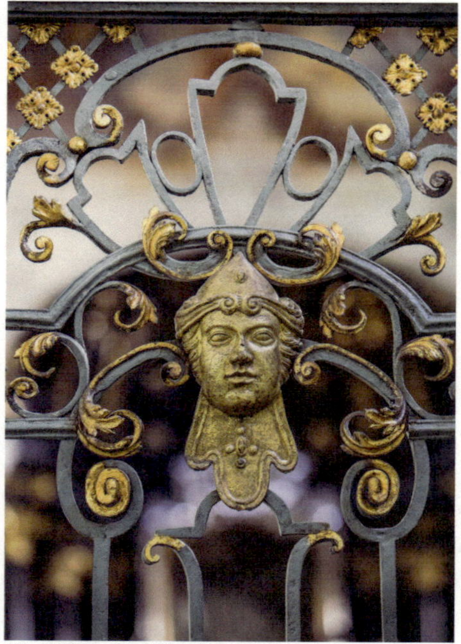

Abb. 111 Gitter (Detail, Foto: Schewig)

---

[82]   Seit 1735 wurde dieses Fest in der gesamten Erzdiözese Wien am 27. April, im Servitenorden am 30. April gefeiert; ab 1915 wurde das Fest auf den 2. Mai verschoben. Im gegenwärtigen Direktorium der Erzdiözese Wien ist das Fest nicht mehr enthalten. (Red.)

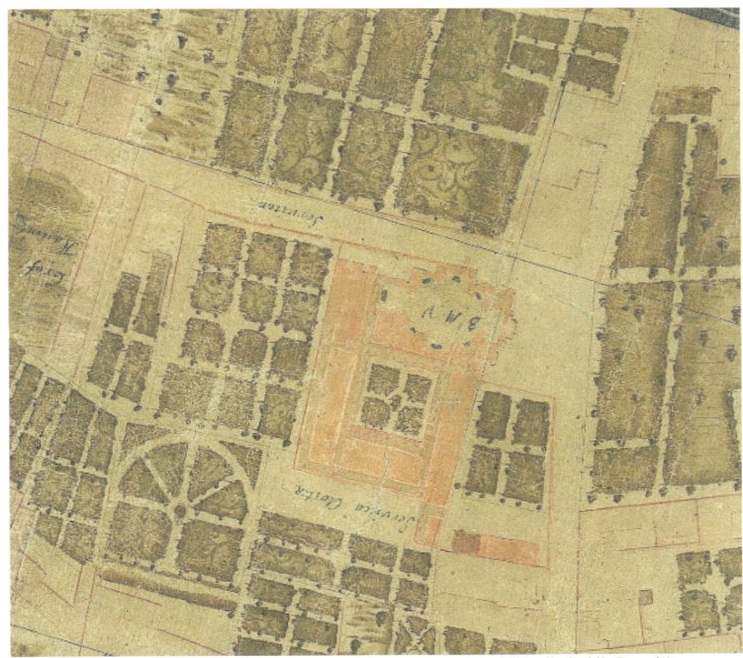

Abb. 112 Stadtplan Steinhausen 1710: Kloster und Kirche noch ohne Peregrinikapelle (Public Domain)

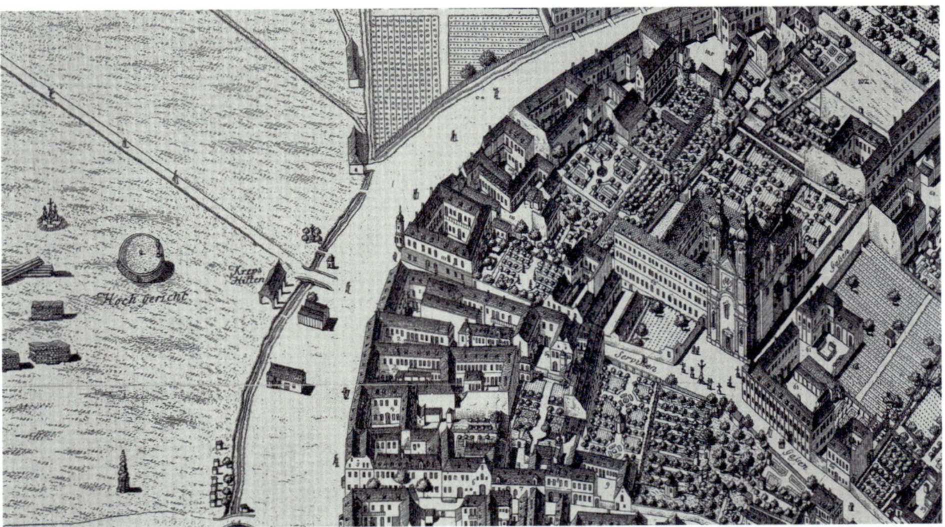

Abb. 113 Joseph Daniel von Huber: Kupferstich 1769 (Ausschnitt: Hochgericht, Servitenkloster und Kirche samt Peregrinikapelle; Public Domain)

3.   Die Kuppelfresken in der Peregrinikapelle

Die wunderbare Heilung der Anna von Roggenfels[83]

Nach der Heiligsprechung des Servitenmönchs Peregrin Laziosi im Jahr 1727 nahm die Verehrung des Heiligen derart zu, dass der Servitenkonvent in Wien noch im selben Jahr beschloss, eine eigene Kapelle für den hl. Peregrin zu bauen. Sie war schon im Dezember 1727 fertig, und man konnte die Statue des Heiligen dort aufstellen. Im Jahr 1728 trug es sich zu, dass die Edle Frau Anna Maria von Roggenfels, die ein schweres Fußleiden hatte und der ein Bein amputiert werden sollte, Zuflucht beim hl. Peregrin suchte und wunderbar geheilt wurde. Aus Dankbarkeit vermachte sie den Serviten eine großzügige Schenkung zur Vergrößerung der Peregrinikapelle (1729). Im Rahmen einer späteren Erweiterung 1766 wurden die Kuppeln der Kapelle vom damals sehr bekannten und geschätzten Kirchenmaler Joseph Adam Mölk mit Fresken ausgemalt, die Szenen aus dem Leben des hl. Peregrin darstellen. Das Kuppelfresko im Altarraum (Abb. 114) zeigt die Glorie des Heiligen und seinen Einzug in den Himmel.

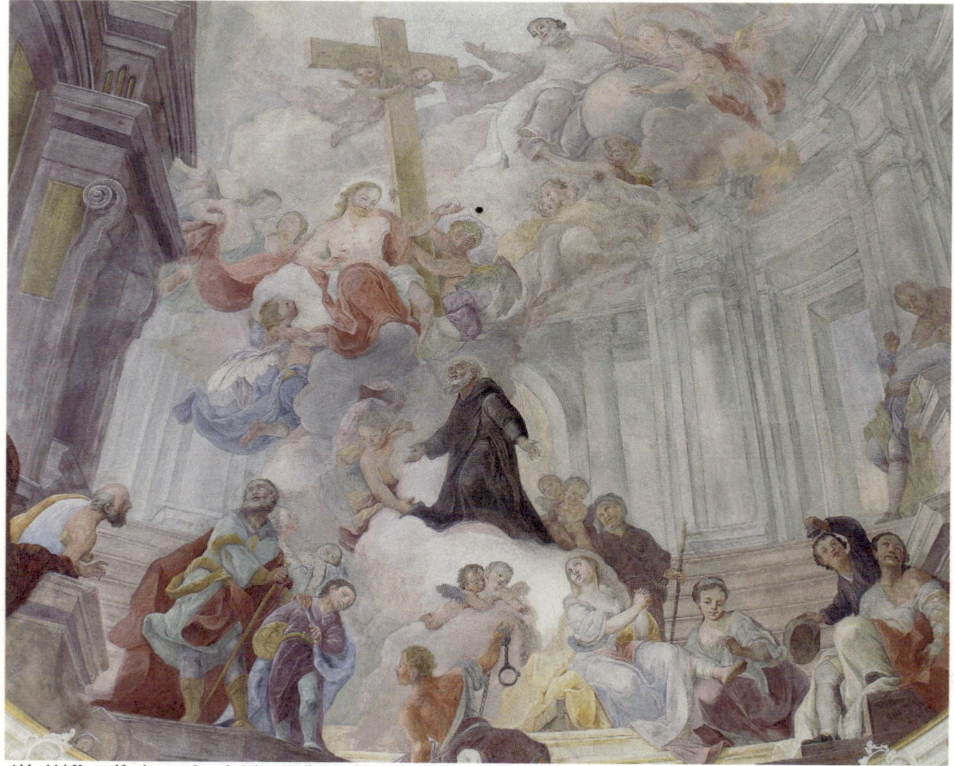

Abb. 114 Kuppelfresko von Joseph Adam Mölk: Die Glorie des hl. Peregrin (Foto: Schewig)

---

[83]   Aus Pfarrbrief 89/2011.

Rechts unten im Vordergrund ist die wunderbare Heilung der Anna von Roggenfels dargestellt.

Man sieht, wie nach der Abnahme des Verbandes das Bein völlig gesund ist (Abb. 115).

Joseph Adam Mölk (geb. 1718 in Wien, gest. 1794 in Wien) wurde als 12-jähriges „Wunderkind" in die kaiserliche Kunstakademie aufgenommen. Er stattete zuerst in Bayern, später in Tirol, Steiermark und Wien mehr als 40 Kirchen, Klöster und Schlösser mit Malereien aus, unter anderem auch Servitenkirchen wie Maria Weißenstein (1752), Innsbruck (1764), Frohnleiten (1764), Maria Langegg (1773, 1782 und 1789) und nochmals Wien (1790).

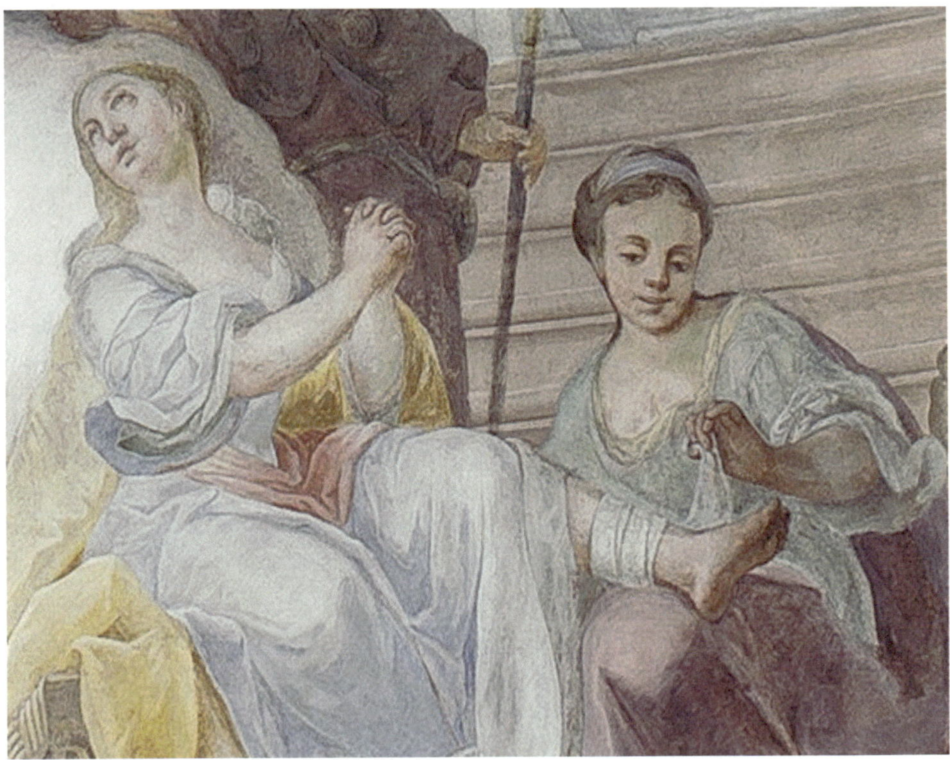

Abb. 115 Freskoausschnitt: Anna von Roggenfels (Foto: Schewig)

4.   Das ehemalige Heilige Grab

Heilige Gräber „…begraben, hinabgestiegen in das Reich des Todes…"[84]

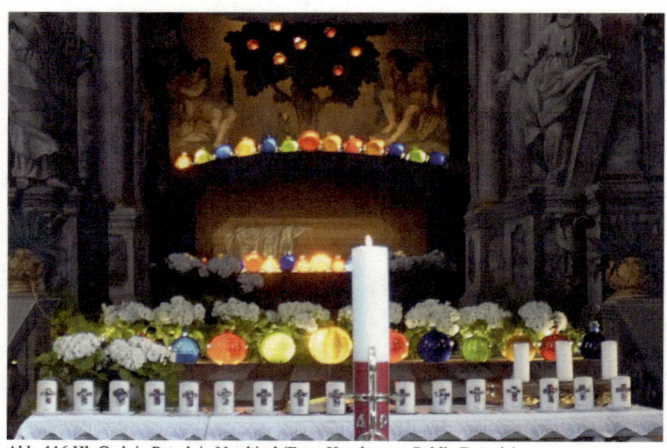

Abb. 116 Hl. Grab in Patsch in Nordtirol (Foto: Haneburger, Public Domain)

Die Auferstehung ist für uns heutige Menschen, die alles erklären und verstehen wollen, kaum fassbar. Die Grablegung ist die letzte Station, die wir noch begreifen können. Von da an fühlen sich viele zurückgelassen und überfordert, ähnlich wie es auch von den Jüngern Jesu berichtet wird.

Die Volksfrömmigkeit, die sich „Begreifbares" wünscht, hat daher aus dem Felsengrab ein „Heiliges Grab" entstehen lassen, einen Ort der Stille und der Andacht, wo Jesus noch greifbar bei uns weilt. So wurde das Heilige Grab am Karsamstag – ähnlich wie die Krippe zu Weihnachten – in der Volksfrömmigkeit zu einer Art „Haltegriff" des Glaubens und im Laufe der Zeit immer eindrucksvoller dargestellt. Im Barock sind prunkvolle Heilige Gräber entstanden mit einem verschleierten Leichnam Jesu, von Soldaten bewacht und von bunten Schusterkugeln beleuchtet. Manche haben sich so bis heute[85] erhalten (Abb. 116) und werden auch aufgestellt. Es gibt auch – ähnlich wie die Krippenwanderung – den Brauch des Besuches mehrerer Heiliger Gräber am Karsamstag.

Von den Serviten wurde 1782 ein Heiliges Grab in Auftrag gegeben, für dessen Errichtung das erzbischöfliche Konsistorium die Erlaubnis erteilte und das ursprünglich am Antonius-Altar aufgestellt wurde. Der Bildhauer Matthias Kögler erhielt dafür 400 Gulden.

Es wanderte später in die Peregrinikapelle und wurde dort bis vor deren jüngster Renovierung am Karsamstag gezeigt (Abb. 117, Foto aus 2003).

Die angesprochene ganz persönliche Frömmigkeit der Menschen hat sich aber geändert, und weil wir uns heute damit schwerer tun, werden auch existierende Heilige Gräber vielfach nicht mehr aufgestellt.

---

[84]   Aus Pfarrbrief 103/2015.
[85]   Vor allem in Salzburg, Tirol und Bayern (Red.).

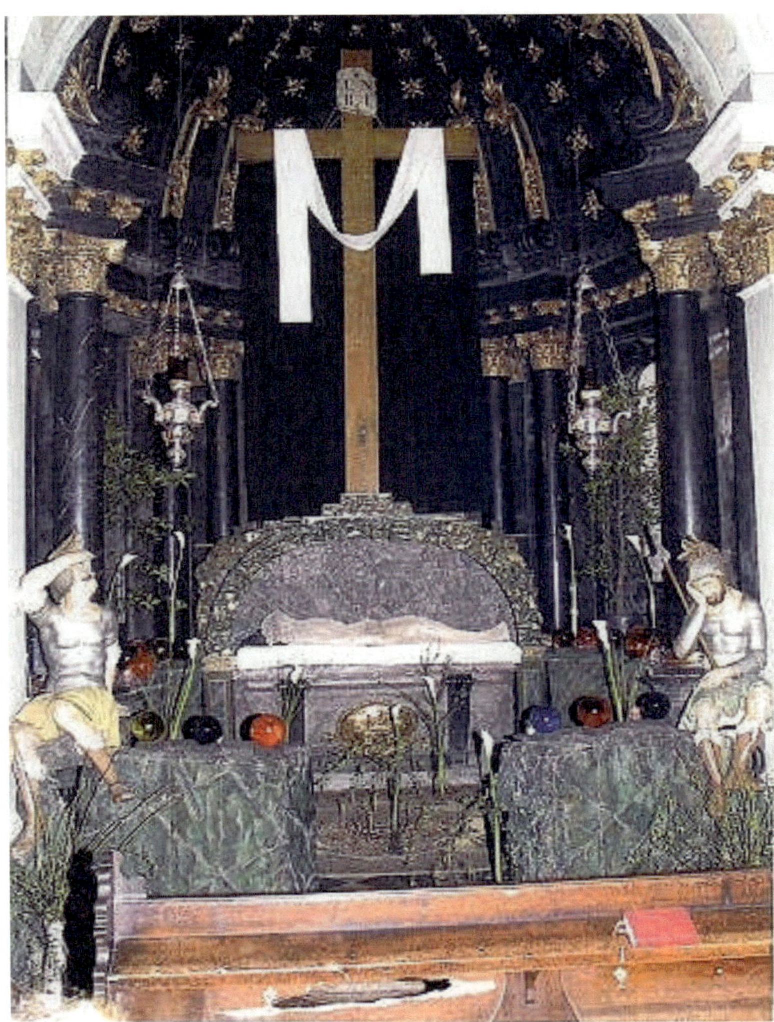

Abb. 117 Hl. Grab 2003 in der Peregrinikapelle (Foto: Newesely)

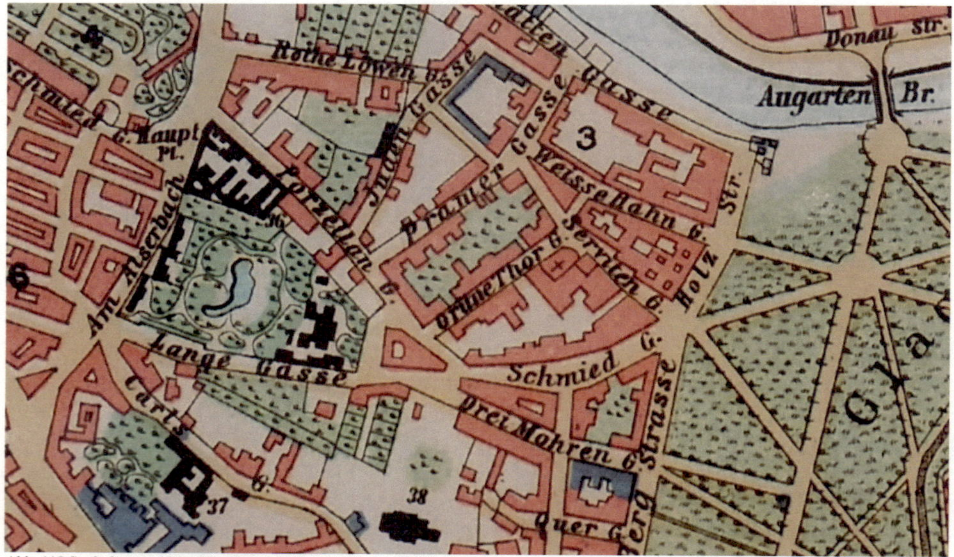

Abb. 118 Stadtplan um 1850: Umgebung der Servitenkirche (Public Domain)

F. Nachweise

1. Literaturhinweise (chronologisch)

Viktor Böhm, Das lateinische Erbe der Serviten in Wien (2009)

Dehio-Handbuch der Kunstdenkmäler Österreichs, Wien II.–IX. und XX. Bezirk (1993)

Wilhelm Georg Rizzi, Luigi A. Ronzoni und *Ingeborg Sehernper-Sparholz* in *Michael Krapf,* Triumph der Phantasie (Katalog, 1998), Seite 116–284

Brigitte Faßbinder, Studien zur Malerei des 17. Jahrhunderts im Wiener Raum (Dissertation, 1979)

Karl Lechner, Kirche und Kloster der Serviten in der Rossau in Geschichte und Kunst (1970)

Richard M. Riccabona, Die Servitenkirche Wien (1965)

Paul von Kutscha-Lißberg, Die Wiener Servitenkirche und ihre Meister (Dissertation, 1936)

Hans Liebl, Die Servitenkirche als Kunstdenkmal, in: 700 Jahre Orden der Diener Mariens (hrsg. vom Wiener Servitenkonvent 1934)

Peregrin M. Karch, Pfarrbüchlein der Pfarre Rossau (1930)

August Leutmötzer, Die Kirche Mariae Verkündigung (1919)

Augustinus-Maria Romer, Servitus Mariana Auspiciis Austriacis Seu Historia Ord. Servorum B. Mariae Virginis (1667)

Carl Hofbauer, Die Rossau und das Fischerdörfchen am oberen Werd (2. Auflage 1866)

Johann Christian Stelzhammer, Kirchliche Topographie des Erzherzogthums Oesterreich (1836)

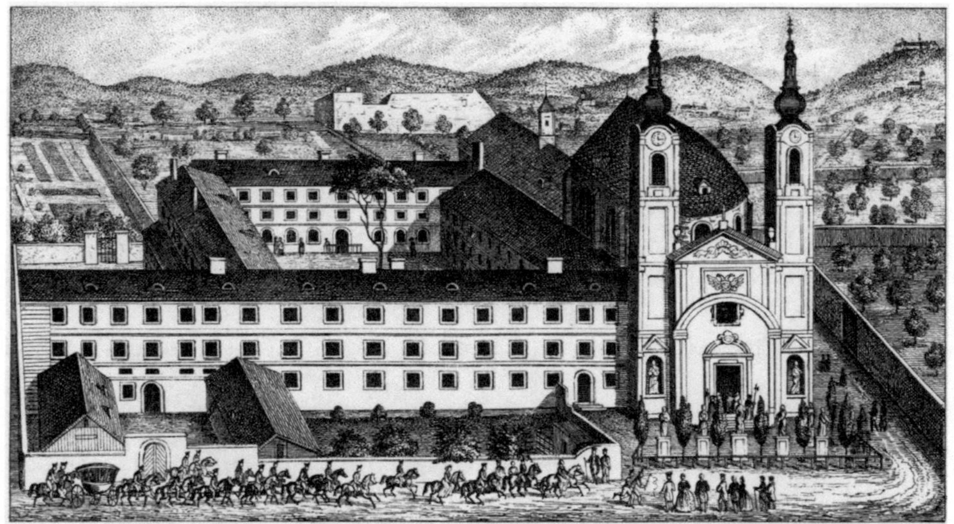

Abb. 119 Kupferstich von Johann Daniel Hertz 1756 nach Zeichnung von Franz Sebastian Rosenstingl: Kloster und Servitenkirche (Public Domain)

Die sieben Steinfiguren, die zur Einschließung des äußeren Kirchenplatzes, durch Mathias Mandl, Mathias Hartinger, Sigmund Carl Riedl, Conradus Gundl und Johann Bernard Müller, damaligen Bürgern, 1713 bis 1724 aufgestellt, doch wegen Schadhaftigkeit im Jahre 1848 weichen mussten, wurden durch ein neues Standbild der Unbefleckten Empfängnis Mariens vom Bildhauer Fidelius Kümel ersetzt (laut Hofbauer 1866). (Red.)

2. Bildnachweise

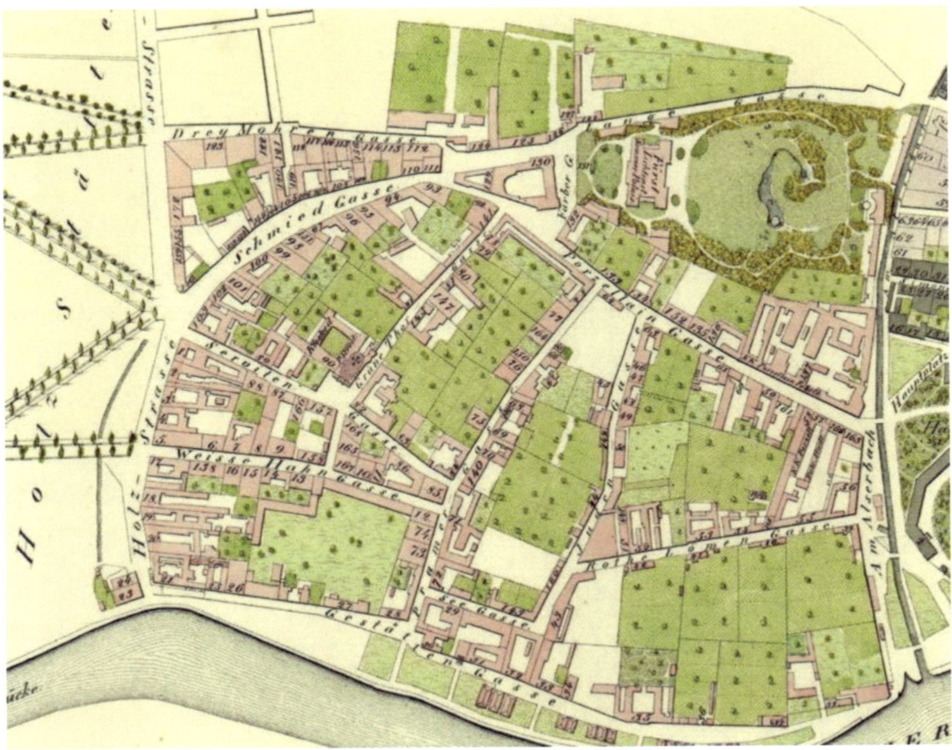

Abb. 120 Stich von Carl Graf Vasquez (Ausschnitt): Rossau (Public Domain)